先生教你写文章

抒情文作法

胡怀琛　著

北京出版集团
北京教育出版社

图书在版编目(CIP)数据

抒情文作法 / 胡怀琛著. —北京： 北京教育出版社，
2014.3

（先生教你写文章）

ISBN 978-7-5522-3433-6

Ⅰ．①抒… Ⅱ．①胡… Ⅲ．①作文课-中小学-教学
参考资料 Ⅳ．①G634.343

中国版本图书馆CIP数据核字(2013)第293574号

先生教你写文章

抒情文作法

胡怀琛 著

北 京 出 版 集 团　　　出版
北 京 教 育 出 版 社

（北京北三环中路6号）

邮政编码：100120

网址：www.bph.com.cn

北 京 出 版 集 团 总 发 行

全 国 各 地 书 店 经 销

三河市同力彩印有限公司印刷

*

710×1000　　16开本　　12印张　　130千字

2014年3月第1版　　2020年11月第2次印刷

ISBN 978-7-5522-3433-6

定价：23.80元

版权所有　　翻印必究

质量监督电话:(010)58572393，62698883，58572750　　购书电话：(010)58572909

出版说明

　　语文是我国基础教育最基本的必修科目，起着培养基础语言文字能力和熏陶人文精神的作用。而作文又是语文这一科目的重中之重，写好作文不仅仅是应试之需，更是立己立人之需。陶冶情操、传承人文是作文的内在要求。

　　"先生教你写文章"丛书与市面一般作文图书的最大不同在于，本套丛书收录了二十本垂范后世的教育大家关于作文写作的经典著作（个别文字有修改）。

最好的老师——遍览世纪大家风采

　　本丛书包括如下作者：梁启超、夏丏尊、胡怀琛、高语罕、刘半农、蒋伯潜、叶圣陶、孙俍工、阮真、朱光潜、朱自清、章衣萍、谭正璧、孙起孟、沐绍良、唐弢、张志公、朱德熙等。他们亲历三千年未有之大变局，在前所未有的文化嬗变中，既葆有旧时代的文脉，学问周正一流，又兼有新时代的精神，开拓创新，视野宽阔，能吸收西方的先进理念。他们的著作兼具传统与现代汉语的内在之美，都是典范传世之作。他们的为人与为文影响、滋养了几代中国人。

这些教育大家确立了现代中国白话文写作的典范，如：梁启超先生的文章明白畅达，在当时受到一代青年学子的追捧；朱光潜先生的文章深入浅出，讲解生动；朱自清先生的散文优美清丽，早已是中国散文史上的经典之作。

这些教育大家亦是中国现代汉语规范的创立者和语文教育的真正开创者：如张志公先生提出了"汉语辞章学"的概念，初步构拟出汉语辞章学的理论框架；又如汉语语法学界的语言学大师朱德熙先生，是一位富于开创精神的杰出学者，在语法研究上以其独特的语法思想与科学的分析方法，深入地研究汉语语法现象，奠定了汉语描写语法的基础。

最好的指导——倾心传授写作之道

本套丛书凝聚了数代学界名流的学术成果和研究心血。语文教育大家叶圣陶先生从写什么、怎样写、文章句子的具体安排、文章中的会话一直到文章的静态与动态，都一一详述；夏丏尊先生从阅读到写作的论述语言生动，见解独到，举一反三；梁启超先生对于作文之法则、规矩的讲论，语言畅达，并富有说服力，全面阐述了各类文体所应遵循的规则，以及提高写作水平的方法；朱光潜先生以深厚的学术涵养，从理论高度来谈论写作，文章深入浅出，语言平易近人，让读者在美学照应之下得到关于写作的内在之道；朱自清先生对于写作有自己独特的见解，认为"思想、谈话、演说、作文，这四步一步比一步难，一步比一步需要更多的条理"，推崇"多看、多朗读、多习作"；朱德熙先生从主题、结构、表现、词汇、句子、标点等六方面阐述写作之道，每章之后附有习题，举例丰富，说明切实具体，体现着朱德熙先生关于中学语法教学的先进理念……这些论述在当时对于提高中学生的写作能力裨益甚多，我们相信，对于当下中学生的写作同样具有极大好处，对提高中学语文教学质量一定也具有重要的指导作用。

虽然历史已往，时代在变，但是传统文化中那些熠熠闪光的精华永远不会被埋没。

我们希望通过本套"先生教你写文章"丛书让读者朋友从中领悟文章写作一脉相承和推陈出新的道理，给现代作文教育一个新的思考方向，也希望能帮助中学语文教师更好地指导学生学习写作，更希望广大青少年读者，尤其是在校中学生可以通过这套丛书更深刻地理解写作的内在精要，真正掌握写作规律，从而提高写作能力。

先生之诚，作文之道，尽在于此。

2014 年 3 月

本书说明

　　《抒情文作法》由上海世界书局 1931 年出版发行，作者为著名学者、国学大师胡怀琛先生。本书分为"本体论""预备论"和"方法论"三部分，把抒情散文的性质、历史及"如何预备作""如何作法"等分别说明。对于抒情散文的写作具有重要的启示。

例　言

一、抒情文在文章中完全是"文学的"，而与说明论辩①等文重在学术方面有不同。关于抒情文的研究及其作法的指导在今日国内尚少专书。这本书现为供给这个需要而作。

二、抒情文的范围甚广，但这本书所说的抒情文，只以抒情散文为限。然题名仍称抒情文，不称抒情散文，是取其简便的意思。

三、读此书者，最好先读一读《一般作文法》及《修辞的方法》，或同时读亦可。以上二书均由世界书局出版。

四、本书举例取材，新旧并收，但为好的抒情文，可以供我们做参考资料的，都把它②收来，在形式的方面（即文言或白话），我并不注意。

五、本书编制分为"本体论""预备论""方法论"

三部分，把抒情散文的性质、历史及"如何预备作""如何作法"等分别说明，希望使读者能够彻底了解。

六、本书可供大学或高中教本，或教师参考之用。

七、和抒情文立在同等地位的说明论辩等文，皆另有专书，读者可同时读或参看。

八、本书如有不妥之处，而承读者指教，不胜欢迎。

---

① 论辩：原书为"论辨"。
② 它：原书为"他"。

目 录
Contents

第一编　本体论

　第一章　抒情文的性质 / 3

　第二章　抒情散文与其他文之比较 / 23

　第三章　中国抒情散文小史 / 34

第二编　预备论

　第一章　如何预备写抒情散文 / 65

　第二章　情感的触动 / 71

　第三章　情感的涵养 / 84

　第四章　情感的测度 / 89

第三编　方法论

第一章　如何写抒情散文 / 95

第二章　明写法 / 101

第三章　暗写法 / 114

第四章　率直写法 / 131

第五章　婉转的写法 / 140

第六章　抒情散文与音节 / 152

第七章　抒情散文与叹词 / 159

附录　叹词表

一　文言之部 / 165

二　白话之部 / 178

第一编　本体论

第一章 抒情文的性质

文的种类

我这本书标明了是抒情文作法，那么，说话的范围当然是在抒情文以内，而且也在作法以内。不过，我们要研究抒情文，也不得不先把各类文的大概的情形略说一说；要研究抒情文的作法，也须先知道一点抒情文的本身是什么❶。因此，第一编就是讲本体论，而第一章的第一节就是讲文的种类。一切的文，普通是分做像下面那几类：

（1）记实文　是描写一种实物，或描写一种

❶ 原书中为"甚么"。后同。

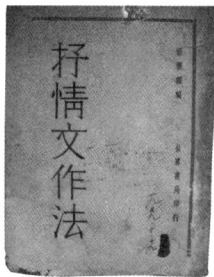

《抒情文作法》1931年初版

想象中的境地的。

（2）叙事文　是叙述某种事件的发生及其经过的。

（3）说明文　是解释某项事情或某种学理的。

（4）论辩❶文　是根据某项据证或理由，和人家来辩论一个问题的。

（5）抒情文　是专门发挥自己的情感的。

我们再举几个例来说明罢：

（1）记实文　《记黄花岗七十二烈士❷墓》

（2）叙事文　《黄花岗之役》

（3）说明文　《论黄花岗之役与辛亥革命之关系》

（4）论辩文　《驳某某人七十二烈士姓名辨正》

（5）抒情文　《吊黄花岗七十二烈士文》

虽然同以黄花岗为题，但是，题目的性质是不同的。第一个题目是记七十二烈士墓，注重记他们的墓的位置、墓的形状等等。写到逼真时，令读者如身入其境。第二个题目是叙述他们起义时的始末。把黄花岗一战，原原本本❸地❹写出来，并描写七十二烈士慷慨激昂的情形，要写得淋漓尽致。第三个题目是注重说明，把这一战和革命有怎样的关系，说得明明白白，使读者能彻底知道这二者的关系是怎样。第四个题目是因为某某人对于七十二烈士的姓名，有所辨正，现

❶ 原书中为"辨"。

❷ 黄花岗七十二烈士：1911年4月27日在中国广州起义（即黄花岗起义）中遇害后葬于广州市东北郊（现广州市越秀区）黄花岗七十二烈士墓园的革命党人。原书中为"黄花冈"。

❸ 原书中为"源源本本"。

❹ 原书中为"的"。

在是驳斥他的话不对。第五个题目是注意情感的，是发挥作者对于七十二烈士墓所发生的感慨。

我们看了上面的举例，各类的不同的情形，是可以知道的了。抒情文是怎样一类的文，当然也知道了。

我们现在再把抒情文单独地提出说一说。

何谓抒情文

根据上面的话，抒情文是发挥作者对于一件事情所发生的情感。譬如《吊黄花岗七十二烈士文》，就是作者对于七十二烈士所发生的情感。这情感也有种种不同处：（1）或是赞叹七十二烈士死得轰轰烈烈。（2）或是可惜他们不曾亲见革命成功。（3）或是愤恨满洲政府的暴虐❶。（4）或是痛惜当时的人民大多数尚未觉悟。（5）或是叹惜七十二烈士的家族的困苦。（6）或是因此引起作者对于民国以来时局纷乱的感慨。（7）其他。

❶ 暴虐：凶暴残虐。

这种种的情感，都是因为游了七十二烈士墓，或是说起七十二烈士墓而发生的。把这些情感的任何一种，或任何两种以上，发表出来，写在纸上，便可题为《吊黄花岗七十二烈士文》，而这篇文的性质就是抒情文。

　　《吊黄花岗七十二烈士文》不过是一个例,此外对于任何事情,发挥我们的情感的,都是抒情文。读东亚史,读到朝鲜亡国的事情,做一篇《哀朝鲜文》,也是抒情文。旅行到开封,访北宋的故宫,不期然而然地发生出一种感慨来,把这种感慨写出来,也是抒情文。读报纸看见印度运动独立的消息,自然觉得很表同情,把这种情感写出来,也是抒情文。旅行到欧、美,看见外国人欺侮中国人,心里不平,把这种情感写出来,也是抒情文。听说土匪杀人的残忍,对于杀人者觉得可恨,对于被杀者觉得可怜,把这种情感写出来,也是抒情文。一个朋友,久别了,很想念他,把我想念他的情状写一封长信寄给他,也是抒情文。

　　在中国的旧的文学作品中,人家所常读的李陵《答苏武书》❶、王粲《登楼赋》❷、鲍照《芜城赋》❸、韩愈《祭田横墓文》《祭十二郎文》、杜牧《阿房宫赋》、欧阳修《祭苏子美文》……都是抒情文。不过,其中有的是韵文,有的是散文。我们这本书里所讲的作法,是只讲散文,不讲韵文的。关于这一层的话也很多,我们在后面另有比较详细的说明,这里不多说了。

❶《答苏武书》:西汉李陵的一篇散文。此文学者多认为系后人伪作。

❷《登楼赋》:见于《文选》卷十一,是建安时代抒情小赋的代表性作品。

❸《芜城赋》:南朝宋竟陵王刘诞据广陵反,兵败死焉,城遂荒芜,鲍照作《芜城赋》以讽之。

抒情文产生的原因

上文已说明白了何谓抒情文，这里再说一说抒情文产生的原因。所谓抒情文产生的原因，换一句话说，就是我们为什么要作抒情文？我们是为得自己备遗忘么？不是，不是。是为得要使他人能充分地了解我的意思么？不是，不是。只不过是为得要发抒自己的情感。

我们为什么要发抒自己的情感呢？这个问题不必要我来回答，朱注《诗经·序》❶上已经替我们答复明白了。那序上有一段说起诗的来源，他虽然是专说作诗，但是在实际上，他的话，对于一切的抒情文都适用的。我现在就借引他的话来说明我们为什么要发抒情感。他的话道：

> 或有问于予曰："诗何为而作也？"予应之曰："人生而静，天之性也。感于物而动，性之欲也。夫既有欲矣，则不能无思。既有思矣，则不能无言。既有言矣，则言之所不能尽，而发于咨嗟咏叹之余者，又必有自然之音响节族（音奏），而不能自已焉。此诗之所以作也。"

朱子的话虽然也有根据，就是根据于《诗经》的《大序》及《礼记》❷中的《乐记》❸。但是，以朱子

❶《诗经·序》：应为《诗集传序》。《诗集传》，简称《集传》，共二十卷，为《诗经》的研究著作，南宋理学大师朱熹撰。朱熹将《诗经》作为理学的教材，希望读《诗经》者通过熟读讽咏、即文求义的文学方法，明白诗中有美丑善恶，从而警戒自己从善弃恶；明白诗中有三纲五常的"天理"，从而抑制自己情胜性动的人欲。

❷《礼记》：中国古代一部重要的典章制度书籍，儒家经典之一。该书相传是西汉戴圣对秦汉以前各种礼仪论著加以辑录编纂而成，共四十九篇。《礼记》的内容主要是记载和论述先秦的礼制、礼仪，解释仪礼，记录孔子和弟子等的问答。

❸《乐记》：《礼记》第十九篇的篇名。作为先秦儒学的美学思想的集大成者，其丰富的美学思想，对两千多年来古典音乐的发展有着深刻的影响，并在世界音乐思想史上占有重要的地位。

的话说得最为明白透彻，最适宜于我们引用，所以我这里就引了他，而并不追本穷源地引《大序》和《乐记》了。

这一段话，他的目的是在解释诗的产生的原因。但是，我也可引他来解释抒情文产生的原因。只要改成下面的样子就行了。

或有问于予曰："抒情文何为而作也？"予应之曰："人生而静，天之性也。感于物而动，性之欲也。夫既有欲矣，则不能无思。既有思矣，则不能无言。既有言矣，则言之所不能尽，而发于咨嗟咏叹之余者，又必有自然之音响节族，而不能已焉。此抒情文之所以作也。"

这样，岂不是一个很适宜的答案么！倘然有人问道："诗要有自然之音响节奏，抒情文既不是诗，为什么也要有自然之音响节奏呢？"我答道："抒情文也有自然之音响节奏，因为音响节奏是根据于咨嗟咏叹，必须咨嗟①咏叹，而后有自然之音响节奏。而我们的情感，又必须由咨嗟咏叹方能发抒得出来。倘然不要咨嗟咏叹，就发抒不出来。所以，抒情文一定是有音节的。"

倘然又有人问道："朱子说诗的话既然可以拿来解释抒情文，那么，抒情文和诗有什么分别呢？"我道："抒情文和诗在实质上可以说没有分别，只不过在形式

① 咨嗟：赞叹；叹息。

上有些分别，就是诗的形式比较的更整齐，尤其是中国的旧诗比较的最整齐。这里，朱子是从实质方面立论，所以他的说诗的话可以拿来解释抒情文。"

朱子说道："感于物而动，性之欲也。"❶可知我们的情感不是无故而发动的，乃是感着❷外面的物而发动的。试略举其例如下：

（1）享受着日光及好的空气，而觉得快乐。

（2）阴雨湿热的天气，而觉得沉闷。

（3）听老鸦鸣，而觉得可憎。

（4）听画眉鸟鸣，而觉得可爱。

（5）听狼嗥虎啸，而觉得可怕。

（6）听猿啼，而觉得可悲。

（7）浮大海，登高山，而感觉到人生的虚空。

（8）过荒村，吊古墓，而觉到人生的短促。

（9）听见弱小民族受帝国主义者的压迫，而为之不平。

（10）听见某人为正义而奋斗的消息，而为之肃然起敬。

（11）见孤儿寡妇之漂泊❸无依，而觉得可怜。

（12）闻土豪劣绅之鱼肉乡民，而觉得可怒。

（13）闻本国人在外国有不名誉之事，而觉得可耻。

（14）听见好友死了的消息，而觉得可痛。

（15）读历史，至民族兴亡，国家治乱之际，觉得有说不尽的种种的感触，而必欲狂呼大叫而

❶ 出自《乐记·乐本》："人生而静，天之性也，感于物而动，性之欲也。"是朱熹引用。

❷ 原书中为"著"。

❸ 原书中为"飘泊"。

后快。

（16）观戏剧至悲欢离合之时，觉得有说不出的种种的感触，不期然而然地替旁人流泪。

（17）看见已死的爱人的遗物，而勾引❶起旧时之情。

（18）看见先人的手迹，而引起追慕之意。

（19）其他种种。

这些都是所谓"感于物而动，性之欲也"。我们看了这些例，可以充分地知道"感于物而动，性之欲也"这句话是怎样的解释。但是，我在这里要附带地声明一句：我上面所举的各例，都是就常情而言。常情之外，也有变例。譬如第（18）例，一般的人看见先人的手迹，大概都会引起追慕之意的。然也有不肖的子孙，看见了先人的手迹，是毫无动于其中的，这是变例，又当别论。不能因为有这种变例，而疑惑我上面所举的各例不能成立。

朱子又说："既有欲矣，则不能无思。既有思矣，则不能无言。"可知我们既然有了这种种的情感，闷在肚里，实在难过；必定要把它❷尽情地发抒出来了，然后舒服，然后安乐。倘然禁止它不许发抒时，那就比什么还要难受，只觉坐也不是，立也不是，睡觉也睡不着，吃饭也吃不下。必须把它充分❸地发抒出来了，

❶ 原书中为"钩引"。

❷ 原书中为"他"。

❸ 原书中为"充份"。

那就完了。发抒的方法，也有种种的不同：狂喊，大叫，痛哭，长歌，种种不一。而用文字写出来，也就是各种方法中的一种。这就是所谓"既有欲矣，则不能无思。既有思矣，则不能无言"了。

朱子又说："既有言矣，则言之所不能尽，而发于咨嗟咏叹之余者，又必有自然之音响节奏，而不能已焉。"这几句话又怎样说呢？原来我们的情感，埋藏在我们的心的深处，绝不是简单的呆板的话可以发抒得出来，于是不得不咨嗟叹息地来发抒❶。譬如我有一个姓李的朋友，他死了，我听到这个消息，说道：

李某人死了。

这句话，完全是叙事的话。它的效用只能告诉人家一件事，使人家知道李某人已经死了。譬如我说：

李某人死了，可惜得很！

这样说，已将说话的人对于李某死了的情感略说出一些来。但是，态度仍是很冷淡，好像是立在客观的地位，而评论李某死得可惜。如此，能充分地发抒朋友间的情感么？一定是不能的。譬如说：

唉！李某人死了，可惜啊！可惜啊！

必须这样说，才能把朋友间的情感发抒出来。我

❶ 发抒：表达，表现，犹阐发。

们试看这几句话，抒情的力量在什么地方？原来是在一个"唉"字和一个"啊"字，又把"可惜"重说一次。这就是所谓咨嗟咏叹了。这就是所谓"言之所不能尽，而发于咨嗟咏叹之余"了。倘然我们再说得有力点：

> 唉！天啊！李某人死了。可惜啊！可惜啊！

加了"天啊"两个字，便觉得有许多向人说，人不能领会的话，只有天可以知道，便不期然而然地呼天而诉。这样的说，便能顶充分地发抒他的情感，也顶能感动读者。从来作抒情文的人，到了说不出时，往往就呼天而诉。例如：

> 悠悠苍天！此何人哉！（《毛诗·黍稷》❶）
> 天乎！痛哉！（今人祭文中常用语）（为先人做❷事略，亦常用此语。）

这一类的话是很多的。上举第一例，是取其最早，第二例，是取其最普遍。我们看了这两个例，可以知道抒情和呼天是怎样的关系了。

总之，不呼天也罢，呼天也罢，无非是咨嗟咏叹而已。

有了咨嗟咏叹，声音就有长短轻重。声音有了长短轻重，就自然而然地成为音节。这就是所谓"有自

❶《毛诗·黍稷》:《毛诗》指西汉时鲁国毛亨和赵国毛苌所辑和注的古文《诗》，也就是现在流行于世的《诗经》。《毛诗》每一篇下都有小序，以介绍本篇内容、意旨等。《黍稷》应为《诗经·王风·黍离》篇，此句意为：悠远在上的苍天神灵啊，这究竟是个什么样的人？

❷ 原书中为"作"。

然之音响节奏"了。

我们看了上面各段，已经把朱子说诗的话解释得十二分明白了，也就是把抒情文产生的原因解释得十二分明白了。总说一句，就是：

> 人心感于物而动，不能不有情，有情，不得不发抒。而简单的呆板的言语，发抒不出，不得不由咨嗟咏叹发抒出来。于是就自然成了音节，而称为抒情文。

这个答案，可以简单地说明抒情文产生的原因了。

抒情文的功用

抒情的功用是怎样呢？我们可以分开两层来说。（1）是对于自己；（2）是对于他人。

（1）对于自己，是把我所有的情感充分地发抒出来，使自己觉得很畅快，可当一剂医治沉闷的良药。这一层，在前面已经说过了。读者可以参看，这里不多说了。

（2）对于他人，是能感动他人，能引起人家的同情心。这一层范围比较的广，功用比较的大，我们只看下面两个例就可以知道。

①美国斯陀夫人（Mrs.Stowe）❶ 作《黑奴吁天

❶ 斯陀夫人（Mrs. Stowe）：哈丽叶特·比切·斯托夫人（1811-1896），著名小说《汤姆叔叔的小屋》的作者。从19世纪20年代起，废奴制问题就成为美国进步舆论的中心议题。当时许多著名的美国作家都站在废奴的一边，为解放黑奴而呼吁，斯托夫人便是这批废奴作家中最杰出的一位。

❷《黑奴吁天录》：今译为《汤姆叔叔的小屋》，是美国著名作家斯托夫人的一部现实主义作品。小说着力刻画了信仰基督教、具有崇高牺牲精神的黑奴汤姆，在不平等的社会制度下遭受的悲惨命运，借此揭示了奴隶制度的罪恶本质。

13

录》❷（原名 Uncle Tom's Cabin）描写美国南部虐待黑奴的情形，它虽不是纯粹的抒情文，然而叙事之中，充满了抒情的话。这书一出，便引起美国人同情于黑奴之心来，结果，是南北两部为着黑奴问题打了一仗，最后，把黑奴统统解放了。论者以为黑奴得以解放，就是斯陀夫人此书之功。

②《诗经》里的《蓼莪》❶篇中有几句道："蓼蓼者莪，匪莪伊蒿。哀哀父母！生我劬劳。"又道："父兮生我，母兮鞠我。拊我畜我，长我育我。顾我复我，出入腹我。欲报之德，昊天罔极！"这篇诗是孝子思亲而作的。后来晋代王褒❷读到此篇，每至流泪。他的弟子恐伤师心竟为之废《蓼莪》而不读。这可见《蓼莪》这篇诗感人之深，也可见中国人讲孝道，在无形中受了此类诗歌的影响不小。今人虽不承认过分的愚孝，然而相当的孝，都承认它是中国固有的美德之一。《蓼莪》一诗不过是孝子自己发抒他思亲的情感，然而这篇诗流传到后世，不知有多少人受了它的陶冶感化。这也可见抒情文的功用之一斑了。

以上两个例是就最大的功用而言。至于发抒自己的情感，而博得他人的同心，使他人对于自己发生怜悯，或恋爱或羡慕，这种功用比较的小，和前两例比

❶《蓼莪》：此诗六章，似是悼念父母的祭歌。

❷ 王褒（约 513—576）：南北朝文学家。

起来，似乎次一等了。

又如含有很强的刺激性的抒情文，能够振作起自己或他人的精神；含有警戒性的抒情文，能砥砺自己或他人的名节：这种功用也是很大的。

不过，抒情文有时候有功，有时候也有罪。如今再举它的两种罪案如下：

（1）明代的汤显祖❶，作曲本是很有名的。他的名著《牡丹亭》❷，想是读者所知道的。当时有人劝他讲学，他答道："诸公所讲的是性，我所言的是情。"这可想见他的风趣。他的《牡丹亭》流传出去，人人爱读，尤其是女孩子们爱读。那时候娄江地方，有个女子，名叫俞二娘，酷爱此曲，对于曲中人极端的同情，后来竟因之伤心而死。显祖有诗记❸此事道："画烛摇金阁，真珠泣绣窗。如何伤此曲，偏只在娄江。"❹（此事原见于《静志居诗话》❺）这可见俞二娘的死和《牡丹亭》不无关系。细玩汤显祖的诗意，好像是自己分辨。好像是说："我的《牡丹亭》，不过是一套戏曲，那里可以认真看。况且读的人也不止一个，为什么只有娄江俞二娘，偏偏是读了我的《牡丹亭》便要伤心而死呢？"汤显祖的诗意，是不承认俞二娘因读《牡丹亭》而死，（不过没有明白说出来，只是隐隐约约微露

❶ 汤显祖（1550-1616），中国明代戏曲家、文学家。作有传奇《牡丹亭》《邯郸记》《南柯记》《紫钗记》等，以《牡丹亭》最著名。

❷《牡丹亭》：全名《牡丹亭还魂记》，与《紫钗记》《邯郸记》和《南柯记》合称"玉茗堂四梦"。

❸ 原书中为"纪"。

❹ 出自汤显祖的《牡丹亭》中《哭娄江女子二首》，"画烛摇金阁，真珠泣绣窗"，起首一句兼写俞家二娘居住之所及其形象。汤显祖与俞氏二娘并不相识，而身处临川的汤显祖更不会想到娄江会有一位十七岁的姑娘因己而死。故在第一首诗的末尾，汤显祖不免发问："如何伤此曲，偏只在娄江？""偏只"，在写出惊讶错愕之余，更多的还是表达出一种深深的哀惋。

❺《静志居诗话》：清代诗人朱彝尊（1629-1709）所著的一本文学理论批评专著。

15

其意罢了。）但是，从反面正可以证明俞二娘的死是和《牡丹亭》有极深的关系。唉！俞二娘岂不是被《牡丹亭》害死了么！

也有人不承认我的话。以为我的见解太迂阔了，太陈旧了，太腐败了。他们说这话，他们的理由有二：①汤显祖只管他自己作曲，只管自己发抒自己的情，他何尝预存了要害死俞二娘之心？至于他的曲文作得情词恳挚，易于感人，乃是他作曲的本等。倘然不是如此，决不能成为名曲。这样说来，俞二娘虽为他而死，然不能把俞二娘的死归罪于他。②俞二娘读曲本太认真了。自己的见解也太窄了。这只怪她❶自己读书不多，见识不广。像她这样的人，就是没有《牡丹亭》给她读，她也许因着别的事情伤心而死。如此说来，又何能怪汤显祖呢？

我以为，只就文学的本身而论文学，第一个理由是绝对不错的。但是，我们现在是说到抒情文的功用了，又不得立在功用的地位来说话。立在功用的地位来说话，汤显祖的《牡丹亭》于无形之中杀死了一个无辜的女子，是功呢，还是罪？这也不待多言而可决了。第二个理由呢，没有《牡丹亭》，俞二娘也许为了旁的事情伤心而死。这话虽然可以说，然就事实言，

❶ 原书中为"他"。

16

她终是为了《牡丹亭》伤心而死，《牡丹亭》终脱不了关系。若说《牡丹亭》含有诱惑未成年的男女的意味，也不为过。那么，它是有功呢，还是有罪？这也不待多言而可决了。

总之，离功用而论，《牡丹亭》自然是中国文学中的名著，谁也不能否认。倘然一说到功用，就不能不认为有罪。这是发言的立脚点不同，并不是我的见解的迂阔、陈旧、腐败。这一点想是读者所能够谅解的。

（2）《红楼梦》❶也是中国文学中的一部名著。就文论文，也是我所极端佩服的。倘然一说到功用，我又不得不另有一种看法，另有一种评论了。

我们试想：凡是读《红楼梦》的人，男的都想学贾宝玉，女的都想学林黛玉。把全中国的青年男女一起宝玉、黛玉化了，试问是好现象呢，还是坏现象？这也是所谓不待烦言而已决了。那些学宝玉、黛玉的男男女女，学得不好，都成了痴男怨女。就说天资最高，功夫最深的，看透《红楼梦》作者的用意，也不过是彻底明白了"太虚幻境"这四个字。到这时候，惟一的出路，就是剃光了头做和尚、尼姑。试问全国的青年男女都想剃光了头去做和尚、尼姑，这是好现象呢，还是坏现象？

❶《红楼梦》：中国古典四大名著之一，章回体长篇小说，原名《石头记》。本书前八十回由曹雪芹所著，后四十回为高鹗（一说是无名氏）续，程伟元、高鹗整理。《红楼梦》是一部具有高度思想性和艺术性的伟大作品，作为一部成书于封建社会清朝末期的文学作品，该书系统总结了中国封建社会的文化、制度，对封建社会的各个方面进行了深刻的批判，并且提出了朦胧的带有初步民主主义性质的理想和主张。

我对于《红楼梦》的见解，正和对于《牡丹亭》一样。我的见解，在上文已经说明白了，读者可以参看，这里恕我不再说了。现在再说两个关于《红楼梦》的故事，也恰恰和《牡丹亭》是一样。

据说，杭州地方有个商人的女儿酷爱《红楼梦》，因成瘵疾❶。将死时，他的父母归怨于书，取书投入火中烧掉。女在床上闻信，大哭道："为什么烧杀我们的贾宝玉？"她把这句说完，她的气也绝了。（此事原见《庸闲斋笔记》❷）又说，苏州有个姓金的男子，最喜读《红楼梦》，因此着了魔。他在家里设了一座林黛玉的牌位，朝夕拜祭。每读到绝粒、焚稿各回，便终夜流泪，久而久之，竟变了疯子。一天，对黛玉的牌位，焚香长跪，跪了好久好久，才立起来，拔了炉中的香一支❸，向门外跑。他家中的人问他往哪❹里去，他说："往警幻天见潇湘妃子去。"家中人虽然暂时把他拖住了，但过了几天，乘人不备，到底逃去了。家中人四处寻觅，隔了好久，才把他寻回来。（此事原见于《三借庐笔谈》❺）这里一男一女，一个因读《红楼梦》而变了疯子，一个因读《红楼梦》而送了性命。我们不说到功用的话，那便罢了，如一说到功用，怎得不归罪于《红楼梦》呢？

❶ 瘵（zhài）疾：疫病，多指痨病。

❷《庸闲斋笔记》：晚清笔记中史料价值和趣味性都较高的一种，作者陈其元（1812-1882）出身于著名的海宁陈氏世家，一门显宦，结交极广，并久任中下层官吏，见闻颇多，故书中述清末官场轶事、典章制度、重要史事甚详。书中还收有地方民俗、中外交涉等资料。

❸ 原书中为"枝"。

❹ 原书中为"那"。

❺《三借庐笔谈》：作者为邹弢（1850-1931），江苏无锡人。

总之，抒情文有时候是有功的，有时候是有罪的。要看所发抒的情是如何，也要看读者着迷的程度是如何。

抒情文的成分

我们现在另外说一个问题，就是抒情文的成分。照一般的说法，既然是叫抒情文，文中所写的，当然是情感，而没有其他的成分。其实也不尽然。抒情文也有纯粹的和不纯粹的两种。纯粹的，完全是抒情；不纯粹的，其中也有叙事的地方，也有说理的地方。所以，有时抒情文和记实文、叙事文、说明文、论辩文等分不清。譬如《史记》❶中的《伯夷列传》❷，是算叙事文呢，还是算抒情文？很不容易判决。我们对于如此一类的文，辨别的方法有两个，如下：

（1）从全体的分量上，看抒情的分量有多少，而决定它是否抒情文。

（2）从作者作此文的动机看，看他的动机是否在于抒情，而决定它是否抒情文。

这两个方法后一个比前一个更准确。如能两个同时并用，那更百无一失了。譬如《史记》中的《伯夷

❶《史记》：由西汉司马迁撰写的中国第一部纪传体通史，是二十五史的第一部，记载了我国从传说中的黄帝到汉武帝后期长达3000年左右的历史。《史记》是我国传记文学的典范，它是历史、文学的统一体，是文学的历史，又是历史的文学。《史记》最初没有书名，或称"太史公书""太史公传"，也省称"太史公"。

❷《伯夷列传》：伯夷和叔齐的合传，冠《史记》列传之首。在这篇列传中，作者以"考信于六艺，折衷于孔子"的史料处理原则，于大量论赞之中，夹叙了伯夷、叔齐的简短事迹。

❶ 原书中为"罢"。

列传》吧❶，照旧的读《史记》的人看，一定要说它是叙事文，而不是抒情文。不过，照我的观察说起来，它确是抒情文，而非叙事文。篇中所叙的事不过是借古人的事发自己的牢骚罢了。我们用前面两个方法来看，可得下列各点：

（1）《史记》是司马迁不得意时做来发抒自己的郁结的。在他的自序里已说明白了。可见他的动机是在于抒情，而不是在于叙事。是主观的抒情，而不是客观叙事。全部《史记》大半是如此，而于《伯夷列传》为尤甚。

（2）《伯夷列传》中空言多于事实。而此种空言，也不是客观的批评，只是主观鸣不平的话。如所谓"怨耶？非耶？"一类的话都是。

（3）此传中所叙的伯夷、叔齐的事，是否可信，从前人早已发生了疑问了。这更足证明司马迁作此文的动机，不是在于叙事，而只是在于抒情了。

因此，我们断定《伯夷列传》是抒情文。同样的观察，也断定《史记》中的《屈原传》❷是抒情文。

❷《屈原传》：《屈原列传》，节选自《史记·屈原贾生列传》中有关屈原的部分，是一篇风格独特的人物传记。这是现存关于屈原最早的完整的史料，是研究屈原生平的重要依据。

我们再可以用这两个法子去观察一切的文，是不是抒情文。

大概纯粹的抒情文是极少的。其他不纯粹的抒情文，但用我们的方法考察下来，可认它是抒情文时，就说它是抒情文。

抒情文的广义与狭义

现在再说一个问题，就是抒情文的广义与狭义。因为"抒情文"三字的范围很大。它的最广的定义，也可把抒情的诗歌包括在里面。它的次广义，是包括抒情的韵文和抒情的散文。它的情形是如此，所以我们说到抒情文时，不得不把它的广义和狭义说说明白。现在我们可画一个表如下：

抒情文
- （1）最广义
  - 抒情诗歌（例）杜甫《同谷七歌》❶
  - 抒情韵文（例）韩愈《祭田横墓文》
  - 抒情散文（例）韩愈《祭十二郎文》
- （2）次广义
  - 抒情韵文（例）欧阳修《秋声赋》❷
  - 抒情散文（例）欧阳修《泷岗阡表》❸
- （3）狭义……抒情散文（例）归有光《吴山图记》❹

原来抒情文有这三种的定义。现在我这本书里所取的，是最后一种狭义。为什么只取最后一种狭义呢？因为最广义可以包括诗歌，诗歌应该独立，这个理由也很明白，差不多人家都已公认的，我在这里也不必要加以说明了。次广义包含韵文和散文。但是所

❶《同谷七歌》：杜甫在安史之乱时期作的一首七言组诗，真实而形象地记录了诗人一家困居同谷时艰苦卓绝的生活。描写了一家人惨不忍睹的遭遇和骨肉分离的巨大哀痛。

❷《秋声赋》：作于仁宗嘉祐四年（1059）秋，欧阳修时年五十三岁，虽身居高位，然有感于官海沉浮，政治改革艰难，故心情苦闷，乃以"悲秋"为题，抒发人生的苦闷与感叹。

❸《泷岗阡表》：即《泷冈阡表》，是欧阳修代表作，被誉为中国古代三大祭文之一。该文是欧阳修在他父亲死后六十年所作的墓表。

❹《吴山图记》：归有光的一篇记叙文，主旨在于说明贤者于其所至，不独使其人不忍忘，亦不能自忘于其人。

谓抒情韵文，已成了历史上的成绩，此后是不会再有人作了。至于抒情散文呢，虽然有文言白话之不同，此后只有白话，不应再有文言，然散文总是同的。所以我在这本书里，从此节以后，只说抒情散文，而不说抒情韵文了。现在特为声明，以清界限。（下文也有说到诗歌和韵文的地方，但仍以散文为主，是取诗歌或韵文来比较的，不是将诗歌、韵文和散文并列的，也不是把三者混在一起说的。）

★ 至于抒情散文呢，虽然有文言白话之不同，此后只有白话，不应再有文言，然散文总是同的。

第二章　抒情散文与其他文之比较

总论

　　我们根据前一章所说的话，可以知道抒情文是怎样的性质，抒情散文是怎样的性质。我这本书，虽然称为《抒情文作法》，但是抒情文是取得狭义。换一句话说，就是抒情散文。所谓抒情散文，一方面以"抒情"二字对于"非抒情"而有不同之点，一方面以"散文"二字对于"非散文"而有不同之点。我在这里把它们拿来比较一下：

★ 所谓抒情文，就是作品中有作者的情感参在里面。

抒情文与非抒情文之比较

所谓抒情文，就是作品中有作者的情感参在里面。往往有两件差不多的作品，一为抒情，一为非抒情，全以有没有情感为断。我们要知道它有没有情感，可用下列不同之点来区别它们。

（1）抒情文语前或语后加叹词。现代语为"唉"，古文为"呜呼"、为"嗟夫"。非抒情文则不用此类叹词。

（例）唉！中国正在受人家的压迫！

这是抒情文。表明说这话的人对于中国受人家的压迫是怎样的伤心，而不知要等到何时才能不受人家的压迫。说这句话的人，一定是中国人，或是表同情于中国的他国人，绝❶不是立在旁观地位和中国毫无关系的人的口吻。我们再看下面的例。

❶ 原书中为"决"。

（例）中国正在受人家的压迫。

这不是抒情文。只不过是说明中国现在的情形，而对于中国人受压迫的痛苦，是完全不关心的。

像上面的例，加上一个"唉"字，便成了抒情文，拿去一个"唉"字，便不是抒情文。这样可以说全是一个"唉"字的关系。然也有一种语言，永远不是抒情的，永远不能加上"唉"字一类的叹词的，如科学书中的话，完全是如此。

（例）三角形，二角相等者，其所对之边亦必相等。

倘使我们说：

唉！三角形，二角相等者，其所对之边亦必相等啊！

或是说：

呜呼！三角形，二角相等者，其所对之边亦必相等。

这样地说，人家听了没有不发笑的。因为这句话的本身只是说明文，无论如何，不能使它变为抒情文。

（2）抒情文语后加"啊"字，把"啊"字延长读。非抒情文则不用这种"啊"字。

（例）他这个人的性情真好啊！

这句话，用一个"啊"字，便能写出说话的人对于这个人的赞美羡慕之情。倘把"啊"字拿去了，便变为说明文了。

（例）他这个人的性情真好。

★ 抒情文语后加"啊"字，把"啊"字延长读。非抒情文则不用这种"啊"字。

　　但是，一个"真"字，倘然把它重读，还是能够读出赞美羡慕的情来。倘然再把"真"字拿去，只说：

　　这个人的性情好。

　　那就完全是机械式的说明文了。

　　（3）抒情文，把全句缓读或急读，能读出自然的音节来。不是抒情文，便读不出音节来。

　　（例）你好好地走！（缓读）
　　（例）快去！快去！（急读）

　　这两句话，或当缓读，或当急读，都能读得出自然的音节来。而说话的人的情感，也就从声音的缓急中表现出来。倘然不是抒情文，是读不出音节的。

　　（例）地球是绕着太阳走的。

　　（4）抒情文可以把句中某字加重读，而情感也就由此表现出来。非抒情文便不能够。

　　（例）你这幅画绘得真好！

　　"真"字可以加重读。非抒情文便没有这样的情形。

　　（例）这一幅是油画，那一幅是水彩画。

　　这句话中的任何一字，都不能加重读。加重读了，

★ 抒情文可以把句中某字加重读，而情感也就由此表现出来。

便觉得难听。

（5）抒情文，中间往往有呼天或呼父母的话。非抒情文，绝对没有。

（例）某先生于某日死了！唉！天啊！

（例）把魂也骇掉了，我的妈啊！（受了惊骇后说的话）

倘然不是抒情文，而用这种呼天呼父母的话，那就变了笑话。

（例）这一幅是油画，那一幅是水彩画。唉！天啊！

我说到这里，再要说明几句：抒情的文为什么要呼天，或呼父母呢？我的答案道：作抒情文的人呼天，或呼父母，就是人遇到极痛苦的事，说不出来，即使说出来，也没有他人能够领会，只有天知道，只有父母知道。今人说话，在极劳苦之时，在受了极大的惊骇之后，常常说："啊呀！我的妈啊！"或是说："啊呀！天啊！"小孩子受了人家欺侮哭着呼"阿妈！"这都是呼天或呼父母。《史记·屈原传》也说：

夫天者，人之始也；父母者，人之本也。人穷则反本：故劳苦倦极，未尝不呼天也；疾痛惨怛，未尝不呼父母也。❶

❶ 天是人类的原始，父母是人的根本。人处于困境就会追念本源，所以到了极其劳苦疲倦的时候，没有不叫天的；遇到病痛或忧伤的时候，没有不叫父母的。

那么,"为什么要呼天或呼父母"的原因,司马迁早说过了。

(6)抒情文,往往作疑问语。这种疑问语,是不要人家答复的,有时候人家也不能答复,非抒情文便不是如此。

(例)人生一世,就是这样的么!

这是抒情文。这不是一句机械的问语。这一句能表现出极复杂的情感。世界是可爱的?或是可厌的?人生是快乐的?或是痛苦的?……种种的情感,都包括在这一句话中。说这一句话的人,只是自己说说罢了,他并不是对于某某人而说的,也并不希望得到人家的答案,人家也绝对不能答复他。又如《楚辞》中的《天问》❶,全篇都是疑问语,他虽然问天,天也不能答复他。

再有一种赞叹或悲伤的抒情语,也常作不决定的口吻如"不亦乐乎""岂不痛哉"之类,也是不须答复的疑问语。

倘然不是抒情文而作疑问语,这句疑问语一定是希望得到人家的答复的,人家也很容易答复。譬如对于一个人问道:

❶《天问》:屈原的代表作,全诗373句,1560字,多为四言,起伏跌宕,错落有致。该作品全文自始至终,完全以问句构成,一口气对天、对地、对自然、对社会、对历史、对人生提出173个问题,被誉为是"千古万古至奇之作"。

你要到南京去么？

这不是抒情文，这是一句机械的问语。他是要得到人家的答复的，人家也很容易答复他。只说"去"，或说"不去"，便完了。

又如对于一个人问道：

你是哪一省的人？

这不是抒情文，这是一句机械的问语。他是要得到人家的答复的，人家也很容易答复他。只说"我是广东人"或"是福建人"或"是江苏人浙江人"，或其他什么省人，也就完了。

若遇到抒情文中的：

人生一世，就是这样的么？

这句话，叫人家如何答复？但是，说的人也明知人家不能答复，而姑且这样地发问。

（7）抒情文，往往把同样的话重复的说一遍，不是抒情文就不用说这种重复的话。

（例）这幅画是你绘的❶么？好啊！好啊！

"好啊！""好啊！"同样的字，重说一遍，无非是表现出情感的浓厚。倘然是客观的批评，只说他画得好就是了，更用不着重复的说一句老话。

❶ 原书中为"得"。

❶《论语》：儒家的经典著作之一，由孔子的弟子及其再传弟子编撰而成。它以语录体和对话文体为主，叙事体为辅，记录了孔子及其弟子言行，集中体现了孔子的政治主张、伦理思想、道德观念及教育原则等。

❷ 出自《论语·阳货》，意为：天何尝说话呢？四季照常运行，百物照样生长。天说了什么话呢？

❸《孟子》是中国儒家典籍中的一部，记录了战国时期思想家孟子的治国思想和政治策略，是孟子和他的弟子记录并整理而成的。《孟子》在儒家典籍中占有很重要的地位，为"四书"之一。

❹ 出自《孟子·万章上》，所：处所，环境。找到了适合于他的地方。指得到理想的安置，也形容因某事而称心快意的情绪。

（例）你这幅画绘得好。

这样的重复的话，在旧书中常常有的。如《论语》❶云：

天何言哉！四时行焉，百物生焉，天何言哉！❷

假使改为：

天不言，而四时行，而百物生。

这就变为机械的说明语了。今于"天何言哉"一句作疑问语，而且同样的四字，重说一遍，这都是要充分地表出他对于天的赞美的情感。

又如《孟子》❸记子产教校人把鱼放在池里，子产说：

得其所哉！得其所哉！❹

也是同样的，同时用疑问语及重复语，能充分地表达出他心里的安慰来。

以上所举的例，都是一句两句的极短的作品。我们为着便于说得明白起见，故拣极短的作品举来为例。至于长篇的抒情散文，可由此类推的。

散文的抒情文与非散文的抒情文之比较

所谓"散文的抒情文"，换一句话说，就是抒情散文。所谓"非散文的抒情文"，换一句话说，就是包括抒情的诗歌和抒情的韵文。现在把它们比较一下看：

原来抒情诗歌及抒情韵文，和抒情散文的比较，大家有一个共同之点，就是"抒情"。可以说：实质是完全相同的，所不同的，只不过是形式罢了。

我们根据这一点来比较它们是很有趣味的，因为它们同是抒情，只不过是抒情的方式不同罢了，而同是这个实质，方式是可以互变的。好像一碗水，倒在方器里，便变成方形，倒在圆器里，便变成圆形；实在水的本体无所谓方圆，抒情文也是如此。我们的情感，拿诗歌写出来，便是抒情诗歌；拿韵文写出来，便是抒情韵文；拿散文写出来，便是抒情散文：究竟"情"的本身，何尝有所谓"韵""不韵"，又何尝有所谓"散""不散"呢。

我们彻底明白了这个道理，就可以把抒情文的形式自由变化，韵文可以变为散文，诗歌也可以变为散文。反转来说：散文也可以变为韵文，变为诗歌。现在逐个举例证明如下：

（1）改韵文为散文例。我们先看南北朝时梁元帝❶

❶ 梁元帝萧绎（508–554）：南北朝时期梁代皇帝（552–554在位）。梁武帝萧衍第七子，梁简文帝萧纲之弟。记载里说他善画佛画、鹿鹤、景物写生，技巧全面，尤其善于画域外人的形貌。

的《荡妇秋思赋》❶的开场几句道：

> 荡子之别十年，倡妇之居自怜。登楼一望，惟
> 见远树含烟。平原如此，不知道路几千！

这本是所谓抒情韵文，现在我们也可以把它改成抒情散文。怎样的改呢？请看下文便是：

> 夫荡子则一别十年，荡妇则独居而谁与语？他
> 乡在何许？犹以为可望见也。嗟夫！试登楼一望，
> 则但见平原莽莽，远树含烟而已。夫又谁知夫道路
> 之几千万里哉！

（2）改诗歌为散文例。我们先看李太白❷的《远别离》❸前半首是怎样。

> 远别离，古有皇、英之二女。乃在洞庭之南，
> 湘、潇之浦。海水直下万里深，谁人不言此离
> 苦！日惨惨兮云冥冥，猩猩啼烟兮鬼啸雨。我纵
> 言之将何补！皇穹窃恐不照余之忠诚，雷凭凭兮
> 欲吼怒。

我们试把它改为抒情散文，看是怎样。

> 古有所谓远别离者，乃皇、英之二女也。其别
> 也乃在洞庭之南，潇、湘之浦。海水直下，万里遥
> 深，谁不言此离苦耶！当夫白日惨惨，青云冥冥，
> 猩猩啼烟，而山鬼啸雨，于斯时也，我纵言之，亦
> 将何补！盖窃恐皇穹不照余之忠诚耳！

❶《荡妇秋思赋》：一首宫体诗，也可以代表所谓"宫体赋"的风格。语言浅显，色彩艳丽，描写细致，音节流畅，情意婉转。此处"荡妇"指的是游子之妇。

❷ 李太白：即李白（701-762），唐朝伟大的浪漫主义诗人，被后人誉为"诗仙"。

❸《远别离》：李白的著名诗篇之一。这首诗通过娥皇、女英二妃和舜帝生离死别的故事，表现远别离的悲哀。

　　我们照上面的两个例看来，抒情散文和诗歌及抒情韵文的实质完全相同，不用说了，就是它们的形式也很接近。

　　我们再从改成的散文的例看来，可知抒情散文也有它的音节。倘然有一段散文，我们横读，竖读，读不出音节，那么，它就不是抒情散文，这就是鉴别抒情散文的一个方法。

　　（3）改散文为韵文，我们只消把第一例反转来看就可以明白了，更不必另外举例。

　　（4）改散文为诗歌，也只须把第二个例反转来看就是了，也不必另外举例。

　　我们再把诗歌、韵文、散文比较一下，实在是觉得：虽然同是抒情，而散文为最活泼，最自由，最能曲折婉转地把我们心里所要说的话，全诉说出来。倘然我要说一句有偏见的话，我就好说："抒情散文的价值是在抒情诗歌及抒情韵文之上。"不过，诗歌及韵文所以能够成立，所以能够存在，自然也有它们立脚之地。我说散文高于一切，终不免是一方面的话罢！

★ 虽然同是抒情，而散文为最活泼，最自由，最能曲折婉转地把我们心里所要说的话，全诉说出来。

第三章 中国抒情散文小史

抒情散文产生的年代

抒情散文产生的年代是很早的。可以说：自从有了语言，就有抒情散文。因为人类的情感，是在最早的时候就有的，不必要等到文化进步了才有；而把他的情感发抒出来，就成为抒情的语言，也就是抒情文。不过，在中国古代，独立成篇的抒情诗歌虽然很多，而独立成篇的抒情散文却是没有。只不过零零碎碎的一两句，如"甚矣！吾衰也久矣！吾不复梦见周公。"❶"天何言哉！天何言哉！""得其所哉！得其所

❶ 出自《论语·述而》，意为：我衰老得很厉害了！很久没有再梦见周公了！周公是中国古代的"圣人"之一，孔子自称他继承了自尧舜禹汤文武周公以来的道统，肩负着光大古代文化的重任。这几句话，表明了孔子对周公的崇敬和思念，也反映了他对周礼的崇拜和拥护。

哉！"等语，散见在古书中。

这些固然可以说是抒情散文，但不能独立成篇。至于能成篇的，直到司马迁才有。

长篇抒情散文的创造者

我们说到独立成篇的抒情散文，又有长篇、短篇的分别。大约短篇的抒情散文，以纯粹的为多。而长篇的，就往往不能纯粹，就是有其他的分子夹在里面。如今先说长篇的抒情散文。

长篇抒情散文的创造者，就是司马迁；最早的长篇抒情散文的作品，就是《史记》中《伯夷列传》《屈原列传》等篇。

《史记》是一部历史，为什么它中间倒❶有几篇抒情散文呢？因为司马迁作《史记》的动机，就是发牢骚。他因为李陵的事，无故而受了腐刑，你想他是怎样的不平！却又处在千钧压力之下，不但不能反抗，而且不敢直接的呼吁。他在百无聊赖的时候，只好借了著书，以消磨他的光阴，那字里行间，自然而然地流露出他的牢骚来。全部《史记》，大部分都是如此，而尤以《伯夷列传》《屈原列传》两篇为最明显。我们

❶ 原书中为"到"。

35

试看《伯夷列传》中的一段云：

> 伯夷、叔齐，孤竹君之二子也，……遂饿死于首阳山。由此观之，怨耶？非耶？
>
> 或曰："天道无亲，常与善人"，若伯夷、叔齐，可谓善人者非耶？积仁洁行如此，而饿死。且七十子之徒，仲尼独荐颜渊为好学，然回也屡空，糟糠不厌，而卒蚤夭。天之报施善人，其何如哉。盗跖日杀不辜，肝人之肉，暴戾恣睢，聚党数千人，横行天下，竟以寿终。是遵何德哉？此其尤大彰明较著者也。若至近世，操行不轨，专犯忌讳，而终身逸乐富厚，累世不绝；或择地而蹈之，时然后出言，行不由径，非公正不发愤，而遇祸灾者，不可胜数也！余甚惑焉。倘所谓天道，是耶？非耶？

这些话如"怨耶？非耶？""倘所谓天道，是耶？非耶？"等，都不是叙事也不是评论夷、齐，只是借着夷、齐的事呼天而自问。

再看《屈原列传》是怎样呢。它中间的一段云：

> ……王怒而疏屈平；屈平疾王听之不聪也，谗谄之蔽明也，邪曲之害公也，方正之不容也：故忧愁幽思而作《离骚》。《离骚》者，犹离忧也。夫天者，人之始也；父母者，人之本也。人穷则反本，故劳苦倦极，未尝不呼天也；疾痛惨怛，未尝不呼父母也。屈平正道直行，竭忠尽智，以事其君，谗人间之，可谓穷矣；信而见疑，忠而

被谤，能无怨乎？屈平之作《离骚》，盖自怨生也。《国风》好色而不淫，《小雅》怨诽而不乱，若《离骚》者，可谓兼之矣。上称帝喾，下道齐桓。中述汤、武，以刺世事；明道德之广崇，治乱之条贯，靡不毕见；其文约，其辞微，其志洁，其行廉，其称文小而其指极大，举类迩而见义远，其志洁故其称物芳，其行廉故死而不容。自疏濯淖污泥之中，蝉蜕于浊秽，以浮游尘埃之外，不获世之滋垢，皭然❶泥而不滓者也。推此志也，虽与日月争光可也。

❶ 皭（jiào）然：洁白貌。

这一段话，不也是和《伯夷列传》一样的么？

总之，这两篇传，是这样的话比叙事为多。叙事又多迷离恍惚，教人家把它当历史看，实在不如把它当抒情散文看。惟一的原因，就是它的文章不是客观的叙事，而是主观的写情。

司马迁的《史记》所以在中国文学上能占一个极重要的位置，也就是如此。在他以前，这样的抒情散文是没有的。所以我说：他是一个长篇抒情散文的创造者。

长篇抒情散文的消沉

司马迁虽然创造了长篇的抒情散文，但在当时候，影响并不很大。从西汉、东汉、晋、南北朝到唐，这个长时期中，并没几篇长篇的抒情散文出现。（当然除了《史记》不算。）

在旧文学界里，比较有名的几篇长篇的抒情文，可以勉强称为散文的，然也介乎似散非散的中间。现在把它说一说，就可知道这个时代抒情散文的消沉了。

第一篇是李陵❶《答苏武书》❷。是李陵降了匈奴之后，在匈奴寄与苏武的。他既身降匈奴，而又心恋汉土。可见他的情感是怎样的复杂难言。苏武是他的好朋友，他这封信中的话，当然是充满了情感。不过这封信的形式很特别，很特别，既不全是散文，却又不全是"非散文"。它的全篇，除了极少数的几句而外，几乎每句都是四个字。如中间的一段云：

> 自从初降，以至今日，身之穷困，独坐愁苦。终日无嗜，但见异类❸。韦鞲毳幕，以御风雨；膻肉酪浆，以充饥渴。❹举目言笑，谁与为欢？胡地玄冰❺，边土惨裂。但闻悲风，萧条之声。凉秋九月，塞外草衰。夜不能寐，侧耳远听，胡笳❻互动，牧马悲鸣，吟啸成群，边声四起。晨坐听之，不觉泪下。嗟乎❼子卿！陵独何心，能不悲哉！

这样的文字，和司马迁的抒情散文，怎样不同，我们比较一读，就可知道。

❶ 李 陵（？ －前74）：西汉将领，李广之孙。曾率军与匈奴作战，战败投降匈奴，汉朝夷其三族，致使其彻底与汉朝断绝关系。其一生充满国仇家恨的矛盾，因而对他的评价一直存在争议。

❷《答苏武书》：一篇创作于西汉时期的散文，作者李陵。这封信的主旨是作者为自己的投降行为解脱。

❸ 异类：古代对少数民族的贬称。此处指匈奴。

❹ 韦鞲（gōu）：皮革制的长袖套，用以束衣袖，以便射箭或其他操作。毳（cuì）幕：毛毡制成的帐篷。膻（shān）肉：带有腥臭气味的羊肉。酪（lào）浆：牲畜的乳浆。

❺ 玄冰：黑色的冰。

❻ 胡笳：古代我国北方民族的管乐，其音悲凉。

❼ 嗟（juē）乎：叹词。

第二篇是杨恽❶《报孙会宗书》❷。杨恽，汉宣帝时人，是司马迁的外孙。初仕，为中郎将，后以罪免为庶人，当然他老大不高兴，于是就纵情于酒色歌舞，以求瞬息间的快乐。孙会宗是他的朋友，写信规谏他，这就是报答孙会宗的信。中间一段云：

> 窃自思念：过已大矣，行已亏矣，长为农夫，以没世矣。❸是故身率妻子，戮力❹耕桑，灌园治产，以给公上。不意当复用此为讥议也。夫❺人情所不能止者，圣人弗禁。故君父至尊亲，送其终❻也，有时而既。臣之得罪，已三年矣。田家作苦，岁时伏腊，烹羊炰羔，斗酒自劳。❼家本秦也，能为秦声；妇赵女也，雅善鼓瑟；奴婢歌者数人；酒后耳热，仰天拊缶而呼乌乌。❽其诗曰："田彼南山，芜秽不治。种一顷豆，落而为萁。人生行乐耳！须富贵何时？❾"是日也，拂衣而喜，奋袖低昂，顿足起舞。❿诚荒淫无度，不知其不可也。

这一大段，是他自己描写他颓废的生活。写一个潦倒的狂人，写得如生龙活虎一般。毕竟他是司马迁的外孙，犹有外祖父的风调；然终究有一点僵化，不及司马迁的完全活泼自由。例如，四字句也很多，用笔也不及司马迁的抑扬反复，一唱三叹。这篇文和李陵《答苏武书》比较，虽然散的程度比李陵高些，却不能和司马迁的抒情散文一例而论。

❶ 杨恽（？－前45），西汉著名的士大夫。

❷《报孙会宗书》：杨恽写给孙会宗的一封著名书信。

❸ 亏：缺失，欠缺。没（mò）世：过完一辈子。

❹ 戮（lù）力：合力，齐心合力。

❺ 夫（fú）：句首语气词。

❻ 送其终：为他们送终、服丧。

❼ 烹（pēng）：煮。炰（páo）：烤。劳（lào）：慰劳。

❽ 瑟（sè），一种乐器，有弦可供敲击。拊（fǔ）：拍，轻击。缶（fǒu）：古乐器，秦人歌唱时常按节击缶。

❾ 田：用作动词，种田。萁（qí）：豆茎。须：等待。

❿ 奋袖：挥舞衣袖。低昂：高低起伏。顿足：踩脚。

第三篇是李密❶的《陈情表》❷。李密是三国时人。晋初被征为太子洗马，他因为祖母年纪大了，家中又无他人，不能出去做官，他上这篇表，大部分是很恳切的话。

> 臣以险衅，夙遭闵凶，生孩六月，慈父见背，行年四岁，舅夺母志。祖母刘愍臣孤弱，躬亲抚养。臣少多疾病，九岁不行。零丁孤苦，至于成立。既无伯叔，终鲜兄弟。门衰祚薄，晚有儿息。外无期功强近之亲，内无应门五尺之僮。茕茕孑立，形影相吊。而刘夙婴疾病，常在床蓐。臣侍汤药，未曾废离。逮奉圣朝，沐浴清化，前太守臣逵察臣孝廉，后刺史臣荣举臣秀才。臣以供养无主，辞不赴命。诏书特下，拜臣郎中。寻蒙国恩，除臣洗马。猥以微贱，当侍东宫，非臣陨首所能上报。臣具以表闻，辞不就职。诏书切峻，责臣逋慢；郡县逼迫，催臣上道；州司临门，急于星火。臣欲奉诏奔驰，则刘病日笃；欲苟徇私情，则告诉不许。臣之进退，实为狼狈。伏惟圣朝以孝治天下，凡在故老，犹蒙矜育，况臣孤苦，特为尤甚。且臣少事伪朝，历职郎署，本图宦达，不矜名节。今臣亡国贱俘，至微至陋，猥蒙拔擢，宠命优渥，岂敢盘桓，有所希冀。但以刘日薄西山，气息奄奄，人命危浅，朝不虑夕。臣无祖母，无以至今日；祖母无臣，无以终余年。母孙二人，更相为命。是以区区不能废远。臣密今年四十有四，祖母刘今年九十有六。是臣尽节于陛下之日长，报刘之日短也。

❶ 李密（224-287），西晋文学家。

❷《陈情表》：李密写给晋武帝的奏章。

他这篇文章，僵的程度，和李陵《答苏武书》相同。我们看它不是以四字句居多数么？不是有意做成这僵化的格式么？

大概两汉的作者，都注重作赋，除了几篇政论，不关抒情而外，凡是偏于抒情的文，都受了赋的毒。像李陵和李密这两篇文，分明不是赋，却很容易看得出受了赋的影响。自两汉到晋，全是这样。南北朝呢？在那时候有个特别的文学界说，叫做"有韵者为文，无韵者为笔"。这个界说，虽然久已不适用了，但是在那个时代，是很有势力的。既然称"有韵者为文，无韵者为笔"，那么，散文当然不能算文。所以在南北朝时，可以说没有抒情散文。

两汉到晋，抒情散文的代表作品既如上述，南北朝时的情形又是这样，所以这个时代，可以说是长篇抒情散文消沉的时代。

长篇抒情散文的复兴

到了唐朝的韩愈❶，他觉得南北朝以及唐初的文，太束缚了，于是就尽力做复古的工作。在他算是复古，其实也可以说是革命。就是把束缚解除了，由非散文

❶ 韩愈（768-824）：唐代文学家、哲学家、思想家。

而复变为散文。于是，抒情散文也应运而复兴了。

韩愈的文集里，抒情散文很多。代表的作品，就是《祭十二郎文》❶与《送董邵南序》❷。

祭文，当然是抒情文，不过，从来作祭文的，大都不是用散文。像韩愈这篇《祭十二郎文》，在他那时候，是少有的。它中间一段云：

> 呜呼！吾少孤，及长，不省所怙，惟兄嫂是依。中年，兄殁❸南方，吾与汝俱幼，从嫂归葬河阳，既又与汝就食江南，零丁孤苦，未尝一日相离也。吾上有三兄，皆不幸早世。承先人后者：在孙惟汝，在子为吾。两世一身，形单影只。嫂常抚汝指吾而言曰："韩氏两世，惟此而已。"汝时尤小，当不复记忆；吾时虽能记忆，亦未知其言之悲也。

又一段云：

> 去年孟东野往，吾书与汝曰："吾年未四十，而视茫茫，而发苍苍，而齿动摇。念诸父与诸兄，皆康强而早世；如吾之衰者，其能久存乎？吾不可去，汝不肯来，恐旦暮死，而汝抱无涯之戚❹也。"孰谓少者殁而长者存，强者夭而病者全乎？呜呼！其信然邪？其梦邪？其传之非其真邪？信也，吾兄之盛德，而夭其嗣乎？汝之纯明而不克蒙其泽乎？❺少者强者而夭殁，长者衰者而成全乎？未可以为信也。梦也，传之非其真也，东野之书，耿兰之报，何为而在吾侧也？呜呼！其信然矣！吾兄之

❶《祭十二郎文》：韩愈作品。十二郎是指韩愈的侄子韩老成，十二郎与韩愈两人自幼相守，由长嫂郑氏抚养成人，共历患难，因此感情特别深厚。

❷《送董邵南序》：全名为《送董邵南游河北序》，是韩愈为送董邵南游河北作的送别赠序。

❸殁（mò）：死于非命（未及寿终而死）。

❹无涯之戚：无穷的悲伤。涯，边。戚，忧伤。

❺纯明：纯正贤明。不克：不能。蒙：承受。

盛德而夭其嗣矣！汝之纯明宜业其家者，不克蒙其泽矣！所谓天者诚难测，而神者诚难明矣！所谓理者不可推，而寿者不可知矣！虽然，吾自今年来，苍苍者或化而为白矣，动摇者或脱而落矣，毛血日益衰，志气日益微，几何不从汝而死也！死而有知，其几何离❶；其无知，悲不几时，而不悲者无穷期矣！汝之子始十岁，吾之子始五岁，少者强者不可保，如此孩提❷者，又可冀其成立邪？呜呼哀哉！呜呼哀哉！

又一段云：

呜呼！汝病吾不知时，汝殁吾不知日，生不能相养以共居，殁不得抚汝以尽哀，敛不凭其棺，窆不临其穴。❸吾行负神明，而使汝夭，不孝不慈，而不得与汝相养以生，相守以死，一在天之涯，一在地之角，生而影不与吾形相依，死而魂不与吾梦相接，吾实为之，其又何尤，彼苍者天，曷其有极❹！自今以往，吾其无意于人世矣！当求数顷之田于伊、颍之上，以待余年。教吾子与汝子，幸其成长；吾女与汝女，待其嫁。如此而已。呜呼！言有穷而情不可终，汝其知也耶？其不知也耶？

这一篇祭文，字字都是至情的流露，所以极能感动人。旧式的所谓"古文"选本中，几乎没有不选它的。而他们称它为祭文的变体。为什么叫变体呢？就是他们所见的向来的祭文，都不是散文；见了这篇散

❶ 其几何离：分离会有多久呢？意谓死后仍可相会。

❷ 孩提：本指二三岁的幼儿，此为年纪尚小之意。

❸ 敛：同"殓"。为死者更衣称小殓，尸体入棺材称大殓。窆（biǎn）：下棺入土。

❹ 彼苍者天，曷其有极：意谓你青苍的上天啊，我的痛苦哪有尽头啊。

❶ 燕、赵：借指现在的河北一带。感慨悲歌之士：用悲壮的歌声抒发内心悲愤的人，多指有抱负而不得施展的人。

❷ 利器：锐利的武器，这里比喻杰出的才能。郁郁适兹土：忧郁地到那个地方去。意思是董生想去燕赵地区谋职。适，到……去。兹土，指燕赵之地，当时受地方割据势力统治。兹，这。

❸ 有合：有所遇合，指受到赏识和重用。

❹ 慕义强（qiǎng）仁者：仰慕正义、力行仁道的人。

❺ 矧（shěn）：何况。出乎其性：（仰慕正义）来自他们的本性。

❻ 我怎么能知道那里现在的风气跟古时说的有什么不同呢？恶（wū），怎么。

❼ 望诸君：即战国时燕国名将乐毅，后因政治失意，离燕至赵，赵封他为望诸君。

❽ 屠狗者：泛指高渐离一类埋没在草野的志士。

文所以就称为变体了。

向来的祭文都不是散文的原因，大约因为祭文是出于《楚辞》中的《招魂》。后来体裁虽有所改变，但没完全变成纯粹的散文。自从韩愈以后，祭文中虽仍以"非散文"为多，但是散文就不是绝对没有了。

韩愈的《送董邵南序》，在旧式的所谓"古文"中，称为"赠序"。赠序，大概是临别时送给朋友的纪念品，或是自己有所感触，写下来送给朋友的。这也当然是抒情义。如韩愈《送董邵南序》，就是董邵南举进士，不得志，将游河北时，韩愈作这篇文送他的。全文如下：

> 燕、赵古称多感慨悲歌之士。❶董生举进士，连不得志于有司，怀抱利器，郁郁适兹土。❷吾知其必有合❸也！董生勉乎哉！夫以子之不遇时，苟慕义强仁者❹，皆爱惜焉，矧燕、赵之士出乎其性者哉！❺然吾尝闻风俗与化移易，吾恶知其今不异于古所云邪❻？聊以吾子之行卜之也。董生勉乎哉！吾因之有所感矣。为吾吊望诸君❼之墓；而观于其市，复有昔时屠狗者❽乎？为我谢曰："明天子在上，可以出而仕矣。"

这篇文章虽然很短，但是抑扬反复，尽唱叹之能事。在明眼人看起来，都知道是他自己郁郁不得志，借着董邵南发牢骚。好像是可笑。其实，假使他是个得意的人，他也就做不出这篇绝好的抒情文了。

旧的文体中所谓"书牍"，现在可称为"书信"，也有一大部分是抒情散文。如韩愈《与孟东野书》的一段云：

> 与足下别久矣。以吾心之思足下，知足下悬悬于吾也。各以事牵，不可合并。其于人人，非足下之为见，而日与之处，足下知吾心乐否也？吾言之而听者谁欤？吾唱之而和者谁欤？言无听也，唱无和也，独行而无徒也，是非无所与同也，足下知吾心乐否也？足下材高气清，行古道，处今世，无田而衣食，事亲左右无违。足下之用心勤矣！足下之处身劳且苦矣！混混与世相浊，独其心追古人而从之，足下之道，其使吾悲也。

又如他的《答崔立之书》中间的一段云：

> 夫所谓博学者，岂今之所谓者乎！夫所谓宏辞者，岂今之所谓者乎！诚使古之豪杰之士，若屈原、孟轲、司马迁、相如、扬雄之徒，进于是选，必知其怀惭？乃不自进而已耳。设使与夫今之善进取者，竞于蒙昧之中，仆必知其辱焉。然彼五子者，且使生于今之世，其道虽不显于天下，其自负何如哉！肯与夫斗筲者决得失于一夫之目而为之忧乐哉。

书信，本来是绝对应该用散文的，但是像前章所举的例，李陵《答苏武书》、杨恽《报孙会宗书》❶，还介乎是散非散的中间，而不能纯粹是散。这可见他们

❶《报孙会宗书》：西汉的杨恽写给孙会宗的一封著名书信。关于这封信的背景，《汉书·杨恽传》记载恽失爵位家居，以财自娱。友人安定太守西河孙会宗，与恽书谏戒。恽内怀不服，写了这封回书。在信中，他以嬉笑怒骂的口吻，逐点批驳孙的规劝，为自己狂放不羁的行为辩解。

受辞赋的束缚之深了。到了韩愈，才是充分的解放。

所以这个时期，可算是长篇抒情散文复兴的时代。

自此以历宋、明、清，直至现代，都有很好的长篇抒情散文的作品。

长篇抒情散文的继续

长篇抒情散文，在韩愈以后，就要算欧阳修❶。韩、欧二人的文，本都出于《史记》，但各得《史记》的一部分，所以二人有不同处。刘熙载❷云：

> 太史公文：韩得其雄，欧得其逸。雄者善用直捷，故发端便见出奇；逸者善用纡徐，故引绪乃觇入妙。

这是说明韩、欧的不同处。欧虽出于《史记》而不全似《史记》。他和《史记》的不同处，清初魏禧❸说得好：

> 欧文之妙只在说而不说，说而又说。是以极吞吐，往复，参差，离合之致。史迁加以超忽不羁，故其文特雄。

上面所引两人的话，虽完全是旧式的文学家的口吻，但是他们的议论很精，我们不能因为它太旧而不取。况

❶ 欧阳修（1007—1072）：北宋文学家、史学家，唐宋八大家之一。欧阳修是北宋诗文革新运动的领袖，继承并发展了韩愈的古文理论，主张文以明道，反对"弃百事不关于心"（《答吴充秀才书》），主张文以致用，反对"舍近取远"（《与张秀才第二书》），强调文道结合，二者并重，提倡平易自然之文，反对浮艳华靡的文风。

❷ 刘熙载（1813—1881）：清代文学家。著作有《艺概》《昨非集》等，其中以《艺概》最为著名，是近代一部重要的文学批评论著。

❸ 魏禧（1624—1680）：明末清初散文家，与汪琬、侯方域并称清初散文三大家，著有《魏叔子文集》。

46

魏禧的"说而不说，说而又说"两句话，不但能是道出欧文的好处，亦可说是给人做认识抒情散文的标准。

现在我们要问：何谓说而不说？在旧文学里通称为"含蓄"。就是不把自己要说的话充分说出来，不把自己要说的话直接❶说出来，只是半吞半吐，令读者从言外去领会。这是说理文及纪事文绝端不能允许的。前面第一章里所说的作疑问语，就是说而不说。何谓说而又说？就是把同样的意思重述一遍。在前面第一章我们也已经说明了。

欧阳修就是善于做这样的文章的，所以欧阳修可以算一个极有名的抒情散文家。他的代表的作品，如《岘山亭记》❷云：

> 岘山临汉上，望之隐然，盖诸山之小者，而其名特著于荆州者，岂非以其人哉！其人谓谁？羊祜叔子，杜预元凯是已。方晋与吴以兵争，常倚荆州以为重，而二子相继于此，遂以平吴而成晋业，其功烈已盖于当世矣。至于风流余韵，蔼然被于江、汉之间者，至今人犹思之，而于思叔子也尤深，盖元凯以其功，而叔子以其仁。二字所为虽不同，然皆足以垂于不朽，余颇疑其反自汲汲于后世之名者何哉？传言叔子尝登兹山，慨然语其属，以谓"此山常在，而前世之士，皆以湮灭于无闻"。因自顾而悲伤。然独不知兹山待已而名著也！元凯铭功于

❶ 原书中为"捷"。

❷《岘山亭记》：欧阳修应襄阳知府史中辉之请而写的碑记。作者一向反对趋时邀誉，所以文章一方面肯定羊祜、杜预"垂于不朽"的功业，一方面对他们的"汲汲于后世之名"，也发出了"自待者厚"的讥评；特别是对杜预的"铭功于二石"，指出他"不知石有时而磨灭"。作者略去岘山的自然风貌，而着重抒发由岘山这一名胜所引起的感想，在碑记文中别具一格。

二石，一置兹山之上，一投汉水之渊，是知陵谷有变，而不知石有时而磨灭也。岂皆自喜具名之甚，而过为无穷之虑欤？将自待者厚，而所思者远欤？山故有亭，世传以为叔子之所游止也，故其屡废而复兴者，由后世慕其名，而思其人者多也。熙宁元年，余友人史君中辉，以光禄卿来守襄阳，明年，因亭之旧。广而新之，既周以回廊之壮，又大其后轩，使与亭相称，君知名当世，所至有声，襄人安其政而乐从其游也，因以君之官名其后轩为光禄堂，又欲纪其事于石，以与叔子、元凯之名并传于久远，君皆不能止也，乃来以记属于余。余谓君知慕叔子之风，而袭其遗迹，则其为人与其志之所存者可知矣！襄人爱君而安乐之如此，则君之为政于襄者又可知矣！此襄人之所欲书也。若其左右山川之胜势，与夫草木云烟之杳霭，出没于空旷有无之间，而可以备诗人之登高，写《离骚》之极目者，宜其览者自得之。至于亭屡废兴，或自有记，或不必究其详者，皆不复道也。

又如《梅圣俞诗集序》**❶** 的前面大半篇云：

予闻世谓诗人少达而多穷，夫岂然哉？盖世所传诗者，多出于古穷人之辞也。凡士之蕴其所有而不得施于世者，多喜自放于山巅水涯之外，见虫鱼草木风云鸟兽之状类，往往探其奇怪，内有忧思感愤之郁积，其兴于怨刺以道羁臣寡妇之所叹，而写人情之难言，盖愈穷则愈工。然则非诗之能穷人，殆穷者而后工也。予友梅圣俞，少以荫补为吏，累

❶ 北宋诗人梅尧臣一生颇不得意。诗作多反映社会矛盾和民生疾苦，风格平淡朴实，有矫正宋初靡丽倾向之意，对宋代诗风的转变有倡导和力行之功。欧阳修为梅尧臣的诗集作序，一方面是肯定梅尧臣在矫正宋初浮艳诗风方面的功绩，另一方面也是借以宣扬自己"穷而后工"的文学主张。

举进士，辄仰于有司，用于州县，凡十余年，年今五十，犹从辟书，为人之佐，郁其所蓄，不得奋见于事业，其家宛陵，幼习于诗，自为童子，出语已惊其长老，既长，学乎六经仁义之说，其为文章，简古纯粹，不求苟说于世，世之人徒知其诗而已，然时无贤愚，语诗者必求之圣俞，圣俞亦自以其不得志者，乐于诗而发之，故其平生所作，于诗尤多。世既知之矣，而未有荐于上者，昔王文康公尝见而叹曰："二百年无此作矣！"虽知之深，亦不果荐也。若使其幸得用于朝廷，作为雅颂，以歌咏大宋之功德，荐之清庙，而追商周鲁颂之作者，岂不伟欤！奈何使其老不得志，而为穷者之诗，乃徒发于虫鱼物类羁愁感叹之言，世徒喜其工，不知其穷之久而将老也！可不惜哉！（以下叙编辑圣俞诗集的经过，今略去。）

★ 宋朝三苏、王、曾的文，在后世都很有名，却是他们不一定是善作抒情散文。

这都是长篇抒情散文中绝妙的作品。

宋朝三苏、王、曾的文，在后世都很有名，却是他们不一定是善作抒情散文。此外也有作抒情文的，但可以欧阳修为代表。

宋末受进扰，从南迁闹到亡国为止，这是中国历史上一个极不幸的时代。却是赵翼的诗云："国家不幸诗人幸，说到沧桑句便工。"意思就是说："诗歌是痛苦的呼声，在一个不幸的时代，能产生出许多好诗歌来。"抒情散文的实质，和诗歌完全相同，所以在外族铁骑蹂躏之下，也有许多好的抒情散文被压出来。有的是慷慨激昂的，起来反抗，有的是哽咽凄恻，语不成声。在南宋以远，这一类的抒情散文很多。前者如岳飞的《五岳祠盟记》❶便是，后者如郑思肖❷的《一是居士传》❸便是。

《五岳祠盟记》云：

> 自中原板荡❹，夷狄交侵。余发河朔，起自相台，总发从军，历二百余战，虽未能远入荒夷，洗荡巢穴，亦且快国仇之万一。今又提一旅孤军，振起宜兴，建康之战，一鼓败虏。恨未能使匹马不回耳。故且养兵休卒，蓄锐待敌，嗣当激厉士卒，功期再战，北逾沙漠，喋血虏廷，尽屠夷种，迎二圣，归京阙，取故地，上版图。朝廷无虞，主上莫枕。余之愿也。

《一是居士传》云：

> 一是居士，大宋人也。生于宋，长于宋，死于宋，今天下人悉以为非赵氏天下，愚哉！尝贯古今六合观之，肇乎无天地之始，互乎有天地之终，普天卒土，一草一木，吾见其皆大宋天下，不复知有皇帝，王霸，盗贼，夷狄，介乎其间。大宋，粹然一天也，不以有疆土而存，不以无疆土而亡，行造化，迈历数，母万物，而未始有极也。譬如孝子于其父，前乎无前，后乎无后，满眼唯父，与天同大，宁以生为在，死为不在邪？又宁见有二父邪？

❶《五岳祠盟记》：岳飞在1130年（南宋建炎四年）败金兵、收复建康（今江苏南京）后，于宜兴所作的题壁誓词。文中先言自己从军抗金经历，再表自己剿灭金人、迎还二帝的志愿。作者无意为文，直言其事，直抒胸臆，个性、人格、抱负真切可感，给人以巨大的震撼力。

❷ 郑思肖（1241–1318）：宋末诗人、画家，著有诗集《心史》《郑所南先生文集》等。

❸《一是居士传》：郑思肖所撰的"自画像"式自传，表达了他"永为大宋之臣"的诚诚之心。

❹ 板荡：指政局混乱或社会动荡。

此"一是"之所在也。未死书死，誓其终也。故
曰："死于宋。"一是者何？万古不易之理也。由之
行则我为主，天地鬼神咸听其命，不然，天地鬼神
反诛之。断古今，定纲常，配至道，立众事，自
天子至于庶人，一皆不越于斯。苟能深造一是之
域，与天理周流，明而不惑，杀之亦不变，安能以
伪富伪贵夺之。居士生而弗灵，几沦于朽弃，长
而明，始感父母恩异于他人。父母恩非数可算。性
爱竹，嗜餐梅花，又喜观雪，遇之，过于贫人获至
宝为悦。不饮酒，嗜食菜，荐饭，得菜，欣然饭
速尽。有招之者，拒而不从，决不妄以足迹及人
门。癖于诗，不肯与人唱和，懒则数岁不作，一
兴动，达旦不寐，作讽咏声，辞多激烈意，诗成
章，数高歌，辄泪下，若有不能以一朝自居。每弃
忘生事，尽日逐幽闲之适，遇疾浊者则急去之。多
游僧舍，兴尽，即飘然，惬怀，终暮坐不去。寡与
人合，间数月竟无至门者，独往，独来，独处，独
坐，独行，独吟，独笑，独哭，抱贫愁居，与时为
仇雠❶，或痴如哆，口不语，瞠目高视而僵立，众
环指笑，良不顾。常独游山水间，登绝顶，狂歌
浩哭，气润霄碧，举手拚舞，欲空其形而去。或
告人以道，俗不耳其说，反嫌迂谬，率耻与之偕，
破衣垢貌，昼行呓语，皇皇然若有求而弗获，生
成废物，尚确持"一是"之理，欲衡古今天下事，
咸归于正，愚又甚众人，宜乎举世之人不识之。
有识者，非真识之，识其人，不识其心，非识也。
能识"一是"之理，则真识《一是居士》矣，奚

❶ 仇雠：亦作"仇仇"，仇人，冤家对头。

以识其精神笑貌，然后谓识《一是居士》也欤？故作《一是居士传》。

那时，又有一种由悲愤之极转变而为旷达的，如邓牧❶的《寓屋壁记》《逆旅壁记》《永庆院记》等篇都是。今录《寓屋壁记》如下：

> 杭往建国湖绝境。并湖而家数千，率贵臣邸第，毁民舍入者十九，惟佛寺仅存。易世以来，歌台舞榭，日就颓圮，仅存者或辟而广，良有天数。壬午秋，余卜数椽葛岭下，西湖背山，景象清美。是屋介两寺间，故往不为强力者所并。邻第迄毁，故今得湖山最多。俯仰三十年，非偶然者。客过问曰："西湖一勺水，阅兴废多矣！向之斗豪竞奢，而今安在？吾始也无生，本无父母、兄弟、妻子；而今也良有，目欲美色，耳欲声音，身欲宁居。忽忽百年后，坟墓生荆棘，庐舍为瓦砾，前日摇精神，逐眷眷欲安知至此。君知其说乎？画舫日数百，登酒肉，载歌舞，朝出水浒，夕至城阙，去则不知所之。君据梧而观，亦有悟乎？"余亟取《离骚》案上鼓唇歌之，谢客曰："子往矣！无落吾事！"

郑思肖和邓牧的文，绝无叹词，绝无疑问语，绝无重复语，也无呼天呼父母语，几乎和前面第一章所说的抒情散文的条件不合。其实，也没有什么旁的关系，只不过是一种变态罢了。什么叫变态？譬如心有

❶ 邓牧（1246-1306）：元代思想家。著有《洞霄宫志》《游山志》《杂文稿》等。

所感，欲哭，欲叹，乃是常态；至如哭不出而吞声，叹不出而强笑，就是变态。我们明白这个道理，就可以明白郑思肖、邓牧的文了。

在明朝有个著名的善于作抒情散文的，叫归有光❶。他不但是明朝第一个散文作家，就是在全中国文学史上，也是少有的。因为他的散文，完全从他那真挚的性情中流露出来。如著名的《先妣事略》❷、《思子亭记》❸、《野鹤轩壁记》《见村楼记》《项脊轩记》等篇，所写的都是父子、夫妇、朋友、生死离合之际，所不能自已之真情。

如《先妣事略》中的一段云：

　　有功之生也，孺人比乳他子加健。然数颦蹙❹，顾诸婢曰："吾为多子苦。"老妪以杯水盛二螺进，曰："饮此后，妊不数矣。"孺人举之尽，喑不能言。正德八年五月二十三日，孺人卒。诸儿见家人泣，则随之泣，然犹以为母寝也。伤哉！

又如《项脊轩记》❺中的一段云：

　　然予居于此，多可喜，亦多可悲。先是，庭中通南北为一，迨诸父异爨，内外多置小门墙，往往而是，东犬西吠，客逾庖而宴，鸡栖于厅庭中，始为篱，已为墙，凡再变矣。

　　家有老妪，尝居于此，妪，先大母婢也，乳二

❶ 归有光（1506-1571），散文家。著有《震川集》《三吴水利录》等。

❷《先妣事略》：作者追忆亡母的一篇记叙文，蕴含着对母亲深沉的悼念之情：悲伤母亲短暂而艰辛的一生，歌颂母亲朴实而崇高的品德。

❸《思子亭记》：选自《震川文集》卷17。明嘉靖27年（1548），归有光和他儿子去外氏奔丧，其儿子突染重病而死，年16。归有光哀痛至极，作亡儿圹志。第二年造思子亭，并作这篇记。

❹ 颦蹙（pín cù）：皱眉头。

❺《项脊轩记》：归有光抒情散文的代表作，记述与项脊轩有关的人事变迁，流露出对家庭盛衰的感慨和对祖母、母亲、妻子的怀念。

世，先妣抚之甚厚，室西连于中闺，先妣尝一至，妪每谓余曰："某所，而母立于兹。"妪又曰："汝姊在吾怀呱呱而泣，娘以指叩门扉曰：儿寒乎？欲食乎？吾从板外相为应答。"语未毕，余泣，妪亦泣。

余自束发读书轩中，一日，大母过余曰："吾儿！久不见若影，何竟日默默在此？大类女郎也！"比去，以手阖门，自语曰："吾家读书久不效，儿之成，即可待乎！"顷之持一象笏至，曰："此吾祖太常公宣德间执此以朝，他日汝当用之。"瞻顾遗迹，如在昨日，令人长号不自禁。

★ 而不知愈是平淡处，愈是可以见得他的真性情。

我们读了这两段文，没有不感动的，但是，仔细一考察他的话，都极平淡的，并没有什么警辟的思想，奇特的格调。而不知愈是平淡处，愈是可以见得他的真性情。

我们现在录他一篇较短的全文如下，题为《野鹤轩壁记》，文云：

嘉靖戊戌之春，予与诸友会文于野鹤轩。吾昆之马鞍山，小而实奇，轩在山之麓，旁有泉，芳冽可饮。稍折而东，多盘石。山之胜处，俗谓之东崖，亦谓刘龙洲墓，以宋刘过葬于此。墓在乱石中，从墓间仰视，苍碧嶙峋，不见有土，惟石壁旁有小径，蜿蜒出其上，莫测所往。意其间有仙人居也。始慈溪杨子器名父创此轩，令能好文，爱士，

54

不为俗吏者，称名父，今奉以为名父祠。嗟夫！名父岂知四十余年之后，吾党之聚于此耶！时会者六人，后至者二人。潘士英自嘉定来，汲泉煮茗，翻为主人。予等时时散去，士英独与其徒处。烈风，暴雨，崖崩，石落，山鬼夜号，可念也。

他的抒情文是直接从《史记》得来。试看前人评论他的话，就可以知道：

王锡爵❶所作墓志铭云：

> 先生于书无所不通，然其大指必取裹六经，而好太史公书。所为抒写怀抱之文，温润典丽，如清庙之瑟，一唱三叹，无意于感人，而欢愉惨恻之思，溢于言语之外，嗟叹之，淫佚之，自不能已己。

方苞❷《书震川文集后》云：

> 震川之文，发于亲旧，及人微而语无忌者，盖多近古之文，不修饰而能情辞并得，使览者恻然有隐；其气韵盖得之子长，故能取法欧、曾，而少更其形貌耳。

姚鼐❸云：

> 于不要紧之题，说不要紧之语；却自风韵疏淡，是于太史公有深会处。

曾国藩❹云：

> 归文有寥寥短章，而逼真《史记》者，乃其最

❶ 王锡爵（1534-1614）：明代官吏，曾任文渊阁大学士。著作有《王文肃集》《文肃奏草》。

❷ 方苞（1668-1749）：清代散文家，桐城派散文创始人，与姚鼐、刘大櫆合称桐城三祖。著作有《周官集注》《周官析疑》《考工记析疑》等。

❸ 姚鼐（1731-1815）：清代著名散文家，与方苞、刘大櫆并称为"桐城三祖"。著有《惜抱轩全集》等，曾编选《古文辞类纂》。

❹ 曾国藩（1811-1872）：清代理学家、政治家、文学家，晚清散文"湘乡派"创立人。晚清"中兴四大名臣"之一，官至两江总督、直隶总督、武英殿大学士。

高淡处。

这些人的评论，都说它是出于《史记》。我们试读《野鹤轩壁记》最后的一段，"予等时时散去，士英独与其徒处。烈风，暴雨，崖崩，石落，山鬼夜号，可念也"数句，就可以知道曾国藩说的"归文有寥寥短章，而逼真《史记》者，乃其最高淡处"，这番话是一点不错的。

清朝的抒情散文，于清初可推施闰章、汪琬为代表；于清末可推吴汝纶为代表。不过，他们在文学史上的地位，不能和归有光相等。其他桐城文中的方苞、姚鼐，虽说是出于《史记》，但他们注重在义法，缺少情感，不能算是抒情散文的高手。

我们现在录施闰章❶、吴汝纶❷的文各一篇如下，以见一斑。

施闰章《马李房诗序》云：

> 呜呼！世之善诗而不传者众矣！布衣苦吟，不得志而死，身名俱殁，尤可悯焉。然名公巨卿，著书满床，旋踵消灭，或反不如布衣之声施者，盖不可胜数也。以余所闻，马生季房，庐陵之诗人也。郡乘逸其姓名。询之故老，得遗草于其子天善。吉水施伟长尤亟称季房诗，手写百余篇，虽播迁楚、粤，出入鞍马间，未尝不赍以自随，视其家所藏

❶ 施闰章（1619—1683）：清初著名诗人，著有《学馀堂文集》《试院冰渊》等。

❷ 吴汝纶（1840—1903）：晚清文学家、教育家，曾刊刻《深州风土记》《东游丛录》等。

本，增十之三四。大抵清和秀善，有吴、越间风味，五言古体，上窥三谢，仿佛其遗音。如幽岩瘦石，泉声潺潺，芳草芊眠，足人留赏。尝见刘殿撰孝则《锦鳞集》，多与马生往还诗，极相推许。又尝属侍御邢公物色征辟。及邢按部，坚卧不见。孝则高其行谊，卒之日，特为表其墓。以是益知其诗可贵也。吉州兵火洊至，诸先达文字荡然，而所谓城西马生者，犹存遗草为之。栝刮磨，拔其精美，而其风自此远矣！呜呼！马生一布衣老死耳，平生知己贵人，相继零落，莫恤其子孙，所遗残篇胜墨，狼藉莫为爱惜；岂知数十年后，忽有江左施子，为之摩挲终日，留连三叹者乎！孝则与季房酷爱金牛泉，尝月夜携铛煮茗论诗，欲构亭其上，卒不果。余癸卯冬，濬泉作亭，镵石为记，而未获闻其语，恨记中不及载。今得其诗读之，如揖季房于亭中而与之言也。彼云月之夜江枫沙露之间，若有人焉，幅巾野服，戛然而长啸者，非马生也与？非马生也与？

吴汝纶《跋蒋湘帆尺牍》❶云：

　　余过长崎，知事荒川君，一见如故交。荒川有旧藏，中国人蒋湘帆尺牍一册视余，嘱为题记。湘帆，名衡，自署拙老人。在吾国未甚知名。而书甚工。竟流传海外，为识者所藏弃似有天幸者。乡曲儒生，老死翰墨，名不出闾巷者曷可胜道！其事至可悲，而为者不止，前后相望不绝也！一艺之成，彼皆有以自得，不能执市人而共喻之，传不传岂足

❶《跋蒋湘帆尺牍》：吴汝纶的一篇散文作品，讲述了一个中国人的墨迹，在本国不为人知，在日本却有人珍藏，作者从此事中看到了两国文化风俗的不同和文化心理的差异，尤其对中国知识分子的保守思想有很多感慨。

道哉！得其遗迹者，虽旷世，殊域，皆流连慨慕不能已，亦气类之相感者然也。观西士之艺术，争新，炫异，日襮之五都之市，以论定良窳，又别一风教矣。

短篇的抒情散文

除了上文各章所说的长篇抒情散文以外，再有一种短篇抒情散文，虽然寥寥数语，却能充分地表达出作者的情感来。

在旧式的"古文"里，惟"书信"中有这样的抒情散文。其次，在"题跋"中也偶然有的，却不及书信为多。这种书信，旧文学家通称为"小简"，又通称为"短简"。

这种短简，是早已有了，如战国时秦昭王与平原君书❶云：

> 寡人闻君之高义，愿与君为布衣之交。君幸过寡人，寡人愿与君为十日之饮。

就是一个例。后来两汉至南北朝的短简也很多，但以晋人的为最好。因两汉还有意做得整齐，不及晋人的自然。晋人如王羲之❷的《送橘帖》❸云：

❶ 出自《史记·范睢列传》。

❷ 王 羲 之（303–361）：东晋时期著名书法家，有"书圣"之称。代表作《兰亭序》被誉为"天下第一行书"。在书法史上，他与其子王献之合称为"二王"。

❸《送橘帖》：即《奉橘帖》，为唐代根据东晋王羲之书法作品双钩廓填的摹搨本。行书，书风坦然清纯，字字挺立，体态舒朗。

送橘三百枚，霜未降，不可多得。

谢玄❶与兄云：

> 居家大都无所为，正以垂纶为事，足以永日。北固山下，大有鲈鱼。一出手，钓得四十九枚。

他们都是随手写来，毫没着力，未尝言情，而深情自在言外，所以为佳。唐、宋两代的作者皆不能及。

至于明人，更流于刻画纤巧，未免小家习气。如袁宗道❷与黄毅庵云：

> 不聆兄笑语垂一年，花下清尊，灯前雅谑，俱为梦中事。

又王稚登答沈飞霞云：

> 沈郎瘦似黄花，才对黄花便黯然相念。

又谢人借舟云：

> 客明州半月，大半在雨声中。赖足下画鹢，差委蛇，不然，行李生苍苔矣。

又胡之焕❸寄友云：

> 鼓枻渡江清光渐远。夜来江水添一篙，皆不佞相思泪也。回首石城，茫然云树。

他们这样的短简，初一读，未尝不觉得很有意味；但是把它同晋人的短简一比，谁是大方，谁是小

❶ 谢玄（343-388）：东晋名将、文学家、军事家。

❷ 袁宗道（1560-1600）：明代文学家，"公安派"的发起者和领袖之一，与弟宏道、中道并称"三袁"。

❸ 胡之焕：生卒年不详，清道光年间曾任陕西永寿知县。

气，谁耐细读，谁不耐细读，我们在比较之后，就可以知道。

清人的作品，虽比明人较好，但没有什么特点，这里可不必多说。

总之，短篇的抒情散文，可到短简中去找；而短简以晋人为最好。

现代的白话抒情散文

白话抒情散文，这个名称，是对于古代的文言抒情散文而用的。这个名称，原不能独立的存在。今因对于古代的文言，而暂用这个名称，这一层，我应该先向读者声明的。

从今以后，我们写抒情散文，应该只用白话而不再用文言了。不过在今日，白话通行还没有多少年代，故白话抒情散文还不多见。这过渡时代，正是新旧转变的时代。最适宜于举以为例的，莫如《寄小读者》❶一书。现在就从这书中节录一段为例如下：

小朋友：

满廊的雪光，开读了母亲的来信，依然不能忍的流下几滴泪。——四围山上的层层的松枝，载着白绒般的很厚的雪，沉沉下垂，不时的掉下一两片

❶《寄小读者》：现代著名作家冰心在1923–1926年间写给小读者的通讯，共二十九篇，其中有二十一篇是她赴美留学期间写成的，主要记述了海外的风光和奇闻异事，同时也抒发了她对祖国、对故乡的热爱和思念之情。《寄小读者》可以说是中国近现代较早的儿童文学作品，冰心也因此成为中国儿童文学的奠基人。

手掌大的雪块，无声的堆在雪地上。小松呵！你受造物的滋润是过重了！我这过分的被爱的心，又将何处去交卸！

小朋友，可怪我告诉过你们许多事，竟不曾将我的母亲介绍给你。——她是这么一个母亲：她的话句句使做儿女的人动心，她的字，一点一画都使做儿女的人下泪！

我每次得她的信，都不曾预想到有什么感触的，而往往读到中间，至少有一两句使我心酸泪落。这样深浓，这般沉挚，开天辟地的爱情呵！愿普天下一切有知，都来颂赞！

以下节录母亲信内的话，小朋友，试当她是你自己的母亲，你和她相离万里，你读的时候，你心中觉得怎样。

我读你"寄母亲"的一首诗，我忍不住下泪，此后你多来信，我就安慰多了！

十月十八日

我心灵和你相连的，不论在做什么事情，心中总是想起你来……

十月二十七日

我们是相依为命的，不论你在什么地方，做什么事情，你母亲的心魂，总绕在你的身旁，保护你，抚抱你，使你安安稳稳一天一天地过去。

十一月九日

我每遇晚饭的时候，一出去看见你屋中电灯未熄❶，

❶ 原书中为"息"。

就仿佛你在屋里未来吃饭似的，就想叫你，猛忆，你不在家，我就很难过！

十一月二十二日

你的来信和相片，我差不多一天看了好几次，读了好几回，到夜中睡觉的时候自然是梦魂飞越在你的身旁，你想，做母亲的人，哪个不思念她的孩子？……

十一月二十六日

经过了几次的酸楚，我忽发悲愿，愿世界上自始至终就没有我，永减母亲的思念。一转念，纵使没有我，她还可有别的女孩子做她的女儿，她仍是一般的牵挂，不如世界上自始至终就没有母亲。——然而，世界上古往今来百千万亿的母亲，又当如何？且我的母亲已经彻底地告诉我"做母亲的人，哪个不思念她的孩子！"（原文很长，以下皆略去。）

这一篇通信，原文很长，不能照录，只好节去。全部《寄小读者》二十九篇通信中，大半都是很好的抒情散文，更不能一一抄录。但只读了上面所引的一节，已可知道现代抒情散文是怎样的情形了。也可知道它和古代的抒情散文比较起来又是怎样的不同了。

再有《超人》❶和《绿天》❷两书，中间也有几篇可当抒情散文看。又有《寸草心》一书，也是抒情散文。此外，见闻所未及的，暂不多说了。

❶《超人》：冰心的一篇发表在《小说月报》（第12卷第4号）上的短篇小说，宣扬爱的哲学。

❷《绿天》：自20世纪20年代末流传至今的一本畅销散文名著。作者苏雪林（1897-1999），现代著名作家、学者，代表作有《青鸟集》《鸠那罗的眼睛》《蝉蜕集》等。

第二编　预备论

第一章　如何预备写抒情散文

总论

　　我们无论做什么事，必先有预备。作文也有预备，写抒情散文当然也有预备。不过，也有人说：写抒情散文无所谓预备。因为有了情感要发表，便写；没有情感要发表，就不写。所以无用预备，也就无所谓预备。这话也很有理由。

　　那么，到底要不要预备呢？我的意见，有两种答复法：（1）知道用不着预备，就是预备。换一句话说：你在没有动手写之前，要明白这个道理，就是你的预

★　我们无论做什么事，必先有预备。作文也有预备，写抒情散文当然也有预备。

备。这话也很简单，用不着多说。（2）已经会作文的人，便不用预备；但在初学作文的人，不得不有所预备。换一句话说：抒情散文是本于情感：有情感，便写；无情感，便不写。然如何触动情感，如何涵养情感等问题，这就是预备。

王轮石❶作文的习惯

现在我且引几段他人关于作文的话，来说明这个问题。先引王轮石的故事。王轮石，名猷定，字于一，轮石是他的号。他是清初一个极著名的散文作家。那时候，周亮工❷说王轮石作文的习惯道："于一未尝轻落笔，意之所至，滔滔汩汩；意所不至，不复强为，有经岁不成一字者。"这就是前面所说的有情感要发表，便写；无情感要发表，就不写了。

魏善伯的话

魏善伯❸，名际瑞，也是清初一个有名的散文作者。他在他的《伯子论文》里，有一段说道："人有呵欠喷嚏，必舒肆震动而泄之。苟无是，而学为张口伸

❶ 王猷石（1598-1662）：王猷定，明末清初散文大家、诗人。字于一，号轮石，江西南昌人，贡生。曾在史可法幕下效命，明亡不仕，日以诗文自娱。猷定工诗古文，郁勃多奇气，其行书楷法，亦名重一时。著有《四照堂集》。

❷ 周亮工（1612-1672）：明末清初文学家、篆刻家、收藏家。著有《赖古堂集》《读画录》等。

❸ 魏善伯：生卒不详，名际瑞，是明末散文家魏禧之兄，著有《伯子文集》。

腰，岂得快哉！文之格段章句长短，亦复如是。"这一段话，虽然滑稽，却很确当。它虽然专指文之格段章句长短而言，但对于一篇文的全体都适用。它虽然不曾指明是抒情文，但对于抒情文更为适用。原来我们作抒情文，是因为有了情感要发表时，才借文来发表，恰和要打呵欠，要打喷嚏，然后张口伸腰是一样的。倘然根本没有情感要发表，只是看见人家作文，他便也要作，恰和勉强张口伸腰，学人家打呵欠，打喷嚏是一样。岂不可笑！后来也有一句批评不好的文学作品的话，叫"无病呻吟"，也就是这个意思。

近人的话

近人像这一类的言论也不少。现在选录陈衡哲 [1] 女士的《小雨点》的自序一段，以为代表：

> 我既不是文学家，更不是什么小说家，我的小说不过是一种内心冲动的产品。它们既没有师承，也没有派别，它们是不中文学家的规矩绳墨的。它们存在的惟一理由，是真诚，是人类情感的共同与至诚。
>
> 我每作一篇小说，必是由于内心的被扰。那时我的心中，好像有无数不能自己表现的人物，在

[1] 陈衡哲（1890-1976）：笔名莎菲，是新文化运动中最早的女学者、作家、诗人，也是我国第一位女教授，有"一代才女"之称。著有短篇小说集《小雨点》《衡哲散文集》《文艺复兴电》《西洋史》及《一个中国女人的自传》等。

那里硬迫软求的，要我替他们说话。他们或是小孩子，或是已死的人，或是程度甚低的苦人，或是我们所目为没有智识的万物，或是蕴苦含痛而不肯自己说话的人。他们的种类虽多，性质虽杂，但他们的喜怒哀乐却都是十分诚恳的。他们求我，迫我，搅扰我，使得我寝食不安，必待我把他们的志意情感，一一地表达出来之后，才让我恢复自由！他们是我作小说的惟一动机。他们来时，我一月可作数篇；他们若不来，我可以三年不写只字。这个搅扰我的势力，便是我所说的人类情感的共同与至诚。

在他的原文，虽然是指明了是对于小说而言；但是，这番话对于抒情文也适用，而且比较地更适用。她的原文说得很明白，不用我们再加说明了。

郑綮[1]的故事

郑綮是唐代的一个诗人。一天，有人问他："近来作诗[2]不作诗？"他答道："我的诗思，在灞桥风雪驴子背上。这里如何会有诗！"他的意思，就是说：如果要作诗，是应该于风雪天，骑了驴子，往灞桥去找诗料的这里如何有诗！他坐在家里作不出诗，一骑了驴子，一到了灞桥，就作得出诗了。这是什么道理呢？就是坐在家里，情感不触动，所以就作不出诗；

一到灞桥，一尝试了风雪中骑驴子的风味，情感便被触动了，就自然而然地会作出诗来。作诗是这样，作抒情散文也是这样。这就是我前面所说的如何触动情感了。

苏东坡的话

苏东坡的《腊日游孤山》❶诗，末四句道："兹游淡薄欢有余，到家恍如梦蘧蘧。作诗火急追亡逋，清景一失后难摹。"他的"作诗火急追亡逋"一句，是说作诗的人，一旦情感触动了，就赶紧要写。倘然延搁下来，兴致退了，再要写，便写不成了。他把写诗比作❷追亡逋，是何等的紧急！这话适用于作诗，也适用于作抒情散文。所以，我把他拉来放在这里讲。简单地说，就是情感触动了以后，赶紧要作。这个道理，作者也须在作文之前，预先明白了，到临时才捉得住，而不至于让"文"逃了。

梅伯言❸的话

梅曾亮，字伯言，他是清代一个著名的散文作

❶《腊日游孤山》：即《腊日游孤山访惠勤惠思二僧》，当时苏轼初到杭州（因为他反对新法，被贬作杭州通判），孤山是杭州的名胜。惠勤、惠思都是余杭人，工诗、能文。惠勤是欧阳修的老朋友，惠思和王安石有交往。作者到杭州之前，过汝阴时见到欧阳修，欧阳修特别称道惠勤，所以作者到职的第三天就去访他们。

❷ 原书中为"比如"。

❸ 梅伯言（1786-1856）：清代散文家。著有《柏枧山房文集》《柏枧山房诗集》《骈体文》等，另编有《古文词略》二十四卷。

家。他的《盋山余霞阁记》❶，中间有一段说道："文在天地，如云物烟景焉，一俯仰之间，而遁乎万里之外。故善为文者，无失其机。"他的见解，和苏东坡是一样。也是说情感一触动了，就赶紧要写；倘然在这时候不写，好好的文，便如云烟一般地消散了。作文的人，要在作文以前，预先知道这种情形，这也就是预备。

❶《盋山余霞阁记》：即《钵山余霞阁记》，收录于梅曾亮的《柏枧山房文集》，是作者描写钵山余霞阁和记录与友人的一段故事。

我的预备论

以上所引的几个人的话，我是随便想到，随便写的。此外相似的话还很多，但是，我一时没有想到，也就没有写了。至于我的预备论是怎样呢？我以为作抒情散文的预备，就是情感的预备：（1）情感的触动；（2）情感的涵养；（3）情感的测度。这是一个大纲，详细的情形如何，待在下面分章说明。

第二章　情感的触动

总论

抒情散文本于情感，情感就是文，文就是情感。蕴藏在胸中，没有发表出来，就是情感；发表出来，写在纸上，就是文。所以，文与情感是一物而非二物。情感是人人有的。不论智、愚、贤、不肖❶，没有一个人没有情感。但是没有外物来感触他，他便不动。所以朱子的《诗序》上说："人生而静，天之性也。感于物而动，性之欲也。"倘然我们要做一个修道学仙的人，那就要无见无闻，使一切外物，没有机会触动我

❶ 不肖：品行不好（多用于子孙）。

们的情感，虽或有见有闻，亦必见如未见，闻如未闻，使我们的情感能不被外物所触动。但是，你如要做一个文人，你就不能像修道学仙的人一样。倘然像修道学仙的人一样，你的情感便永远不触动，你便永远作不出抒情文来。虽然不必有意去寻烦恼，以作悲歌痛哭的材料，然在相当的程度之下，与外物的接触，是必不可少的。大概情感的触动，不外乎下面所述的各种：（1）感物；（2）感事；（3）怀人；（4）吊古；（5）间接的触动。第一至第四种都是直接的触动，只有第五种是间接的触动。

感物

感物，就是触着外界的静物，而动了你的情感。这种例很多，随便写几个如下：

（1）秋天的夜里，看见月亮而觉得可爱。

（2）遇见大雷雨而觉得可怕。

（3）出门的人，夜里听见雨声，愈感觉得凄寂。

（4）久雨之后，看见太阳，觉得快乐。

（5）久客他乡的人，回家来，看见故乡的山色，觉得可喜。

★ 虽然不必有意去寻烦恼，以作悲歌痛哭的材料，然在相当的程度之下，与外物的接触，是必不可少的。

（6）在荒冢间，看见死人的骷髅，觉得可悲。

（7）其他。

我们倘然关起门来，坐❶在家里，随便什么都看不见，随便什么都听不见，也就无所谓爱，无所谓怕，无所谓喜，无所谓悲，无所谓有……那也就写不出抒情文。勉强写，也写不好，就是古语所说的"无病呻吟"。

❶ 原书中为"座"。

感事

感事，也和感物一样，是触着外界的事，而动了你的情感。这种例也很多，随便写几个如下：

（1）听见祖国同胞在外国被人欺侮，而觉得可愤。

（2）看见路旁的老年乞丐，伸手向我们讨钱，而觉得可怜。

（3）看见强者欺侮弱者，而为之代抱不平。

（4）自己被人诬陷，忽然辩白❷了，而为之一快。

❷ 原书中为"辨白"。

（5）久客他乡，听见故乡来的人说，家乡情形都好，而为之一慰。

（6）自己的事被人家弄坏了，而觉得可恨。

（7）其他。

凡此种种的情感，也不是关起门来，无见无闻，所能触动的。必须与外面的事情接触了，而后能够触动。必须情感触动了，而后能够写成抒情文。

怀人

怀人，就是因为和朋友或家人分别了，而思念他们，因而触动情感。其例如下：

（1）自己出门在外，思念家中的父母兄弟等。

（2）自己在家，父母兄弟等出门，因而思念他们。

（3）思念隔开在远地方的朋友。

（4）思念已死的父母兄弟等。

（5）思念已死的朋友。

（6）临别时的依依不舍，也可归入此类。

（7）其他相似的怀人的情形。

★ 所怀的人，大概不外乎家族与朋友，所以怀的缘故，大概不外乎"死别"和"生离"。

所怀的人，大概不外乎家族与朋友，所以怀的缘故，大概不外乎"死别"和"生离"。当然不能凭空造出这种文料来，作抒情文，然必须先有了这种情感，而后能作抒情文。

吊古

吊古，是看见古人的遗迹，因而触动了你的情感。其例如下：

（1）游西湖孤山而凭吊小青。

（2）游西台而吊谢翱❶。

（3）游孔林而景仰孔子。

（4）泛长江，过采石，而怀李太白。

（5）钱塘江观潮，而吊吴越兴亡。

（6）过贝加尔湖而怀苏武。

（7）其他。

凡此种种，必须亲临其地，亲见其遗迹，我们的情感才能触动。虽然坐在家里不出门，单是读读他人的游记，或读读古人的传记，也可以触动我们的吊古的情感，但总不及亲临其地，亲见其遗迹的真切。所写出来的抒情文，也自然是后者胜于前者。

间接的触动

间接的触动，就是自己的情感，不是直接地因外物而触动，是读了他人的抒情文，因而触动。譬如秋天的天气，本来容易使人发生悲的情感；然一般的人，到了秋天，倒也不觉得有什么；待他一读了宋玉❷的

❶ 谢翱（1249-1295）：南宋爱国诗人，著有《晞发集》《西台恸哭记》。

❷ 宋玉（约公元前298-约公元前222）：楚国辞赋作家，流传作品有《九辩》《风赋》《高唐赋》《登徒子好色赋》等。

文"悲哉秋之为气也！"他也就觉得秋可悲了。据我的记忆力所及，好像在宋玉以前，没有人说起秋气可悲。自从有了宋玉这一句名句以后，作诗词或作散文的人，就不断地说秋气可悲了。这都是受了宋玉的影响，也就是我所说的情感间接的触动了。倘使我们认为悲秋是不好，那么，宋玉的这句名句，就恰如传染病，一个传十，十个传百，于是两❶千年来，产生了无数的悲观的文人。从这一点看来，我们可以知道间接的触动，它的力量是很大的。

各人的情感不同

人人都有情感，每个人的情感，都是触于外物而后动。外物固然有种种的不同，而情感的本身，也有种种的不同。前面各节所举的各例，乃是大概的情形，并不是说一定如此。譬如秋天的夜里，看见月亮，而觉得可爱，这是普通的情形；也许有人，他在秋天的夜里，看见月亮，是觉得可厌的。秋天夜里的雨声，听了觉得可厌，这是普通的情形；然也许有人，是喜欢听的。这个道理，章学诚❷在他的《文史通义》❸里，说得最明白。他说道：

❶ 原书中为"二"。

❷ 章学诚（1738-1801）：清代史学家、思想家。所著《文史通义》是清中叶著名的史学理论著作。

❸《文史通义》：一部史学理论著作，章学诚的代表作，与刘知几的《史通》一直被视作中国古代史学理论的双璧。

比如怀人见月而思，月岂必主远怀；久客听雨而悲，雨岂必有愁况！然而月下之怀，雨中之感，岂非天地至文！而欲以此感，此怀，藏为秘密，或欲嘉惠后学，以为凡对明月与听霏雨，必须用此悲感，方可领略，则适当良友乍逢，及新婚燕尔之人，必不信矣。

我们读了这一段话，可以知道情感虽然是触于外物而后动，然情感各人不同；并非机械的，因外物而或悲或喜。换一句话说：并不是简单地受外物的支配。

情感触动的总表

以上各节，说明我们的情感，或因物而动，或因事而动，我们分为感物、感事、怀人、吊古四类；此外又有间接的触动。情形❶很是复杂。而感物、感事等四类，性质也不相同。今为便于一览起见，列一图表如下：

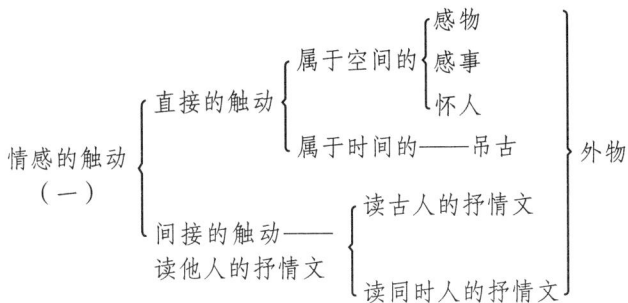

❶ 原书中为"形情"。

$$
情感的触动（一）
\begin{cases}
直接的触动
\begin{cases}
属于空间的
\begin{cases}
感物\\
感事\\
怀人
\end{cases}\\
属于时间的——吊古
\end{cases}\\
间接的触动——读他人的抒情文
\begin{cases}
读古人的抒情文\\
读同时人的抒情文
\end{cases}
\end{cases}
\Bigg\} 外物
$$

$$\text{情感的触动（二）}\begin{cases}\text{常例}\begin{cases}\text{感于喜而喜}\\\text{感于怒而怒}\\\text{其他}\end{cases}\\\text{变例}\begin{cases}\text{感于喜而不喜}\\\text{感于怒而不怒}\\\text{其他}\end{cases}\end{cases}\text{情的自身}$$

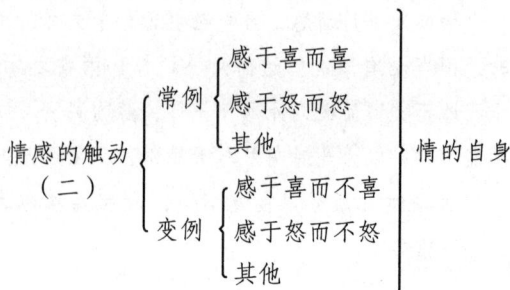

感物感事等的错杂

我们在前面把情感触动分为四类，叫感物、感事、怀人、吊古，这是一种理论上的话。如在事实上，不见得能够分得这样的清楚。譬如见一物而触动情感，我们可称为感物；而这物又有历史的关系，同时我们又由感物转而到吊古了。又如我们遇一事而触动情感，我们称为感事；而这事又和某某人有关系，同时我们又感事转而到怀人了。

我们的情感，大概是如此综合错杂，变化不可测。单纯的情感是很少有的。关于这一层，我们可举几篇文为例如下：

西山唱和诗序——汤斌 ❶

宋子牧仲游西山归，示予诗一卷，而属为序。

余谓山水文章，恒相因也。谢康乐赤石，麻源

❶ 汤斌（1627-1687）：清初理学名臣，著有《汤子遗书》。

诸诗，冈岭溪涧，松竹猿鸟，读者历历如见。元次山道州诸诗，柳子厚柳州、永州诸记亦然。独怪终南去京兆为近，唐世号多诗人，游南山诗，仿佛❶康、乐、元、柳者殊不多见也。岂士大夫身处京华日仆仆缁尘，遂不暇穷山水之胜与，抑或萦情圭组，不能心迹双清，虽游而诗亦不工与？

牧仲官西曹，称繁剧，更尽心职业，尝争疑狱数大案，似不暇游，又清羸善病，而乃于休沐之顷，呼朋携子，极登临之乐。其诗与康乐、元、柳不必尽同，要之萧闲澹远，无长安贵游繁嚣气习。披览一过，烟云杳霭，缭绕几席间，信牧仲于山水文章有深情也。

余入京师且数年，埋头史局，忽忽无意绪，每薄暮下直，信马垂鞭，望西山暝色，辄凝目久之，而不果一往。今序牧仲诗，余滋愧矣！

这篇文，是汤斌替宋牧仲❷作《西山唱和诗》序。他因为读了宋牧仲等人游山的诗，而恨自己不能游西山，全篇重要的意思，只在末一段，全篇的好处，也只在末一段。他的情是感于事而动的，就是看见人家游西山，而自己不能游，触动了这种情感，不得不发抒出来，便写成这一篇文。这篇文是极单纯地属于感事。不过也可以说，他的情是间接的触动的，而不是直接的触动的。

❶ 原书中为"彷彿"。

❷ 宋 牧 仲（1634-1713）：清代著名诗人、书画家、文物收藏家和鉴赏家，著作有《西陂类稿》50卷、《漫堂说诗》及《江左十五子诗选》等。

寒碧琴记——王猷定

余幼嗜琴。闻四方有蓄，必造观。然佳者往往不多见。余论琴颇与人异。审其质以考声，而知阴阳之所自生；察其形以验气，而知清浊之所由出。故琴之有当于余者，百不得一二。

癸已春，杨公木子来广陵，闻蓄琴甚善过公求观。启其函，则铿然石也。公曰："子识之乎？此苏子由之寒碧也。子由有《寒碧琴说》，子为我记焉。昔子瞻为登州司户参军，子由省之，携琴游大海，舟覆琴堕焉。后万丽人得之，献其王。王视为苏氏物也，藏之数百年，迨明崇祯间，高丽困于兵，请援，上遣总兵黄某帅师救之，高丽戴天子德意，而以黄帅之有劳于其国也，赏予甚腆，濒行复赠以琴，遂复还中国。其后黄帅道淮上，总漕路公闻之，易以良马，不可。黄帅没，其子辟乱，怀琴渡江，至金山，闻北兵南下，益惶惧，匣琴系以铁绲，堕郭公墓下，沉诸江者三年，黄子有姊甚贫困，告姊曰："吾无能为姊计，有先人之所宝者，足朝夕矣。"乃告以琴所在，遣人取之，其姊谋而售焉。

王子曰："兹琴也，失于海，沉于江，淹于蜀国，其濒于危者亦屡矣。辛而复返于中国，使又不幸而终于击剑、负贩之徒，无宁其存江海也。而今得公而托焉，公其毋易视此石之铿然者也！"公曰："诺。吾将归而藏诸南岐、紫陌之山矣。"

琴长三尺四寸，阔六寸，缺两足。

这篇题为《记寒碧琴》，但中间也有发抒情感的话。他的情当然是感于物（琴）而动的在我们所说的四类之内，是属于感物。然而这寒碧琴乃是苏子由的故物，遗失于外国，外国复赠送给中国人，中国人又沉之于江中，或得或失，或出或没，莫不和国家的兴亡有极密切的关系；而作者王猷定又是明代的遗民，眼见前代故物，如何能不动情！说到苏子由，便从感物兼及怀人；说到明清的盛衰兴亡，便由感物怀人，而转到吊古了。所以，这篇文是很复杂的，不是单纯的，是感物，是怀人，而究竟是吊古的部分❶居多。

❶ 原书中为"部份"。

见村楼记——归有光

昆山治城之隍，成云即古娄江。然娄江已湮，以隍为江，未必然也。

吴淞江自太湖西来，北向，若将趋入县城，未二十里，若抱若折，遂东南入于海。江之将南折也，背折而为新洋江。新洋江东数里，有地名罗巷村。亡友李中丞先世居于此，因自号为罗村云。

中丞游宦二十余年幼子延实，产于江右南昌之官廨。其后每迁官，辄随，历东兖、汴、楚之境，自岱岳、嵩山、匡庐、衡山、潇湘、洞庭之渚，延实无不识也。独于罗巷村者，生平犹昧之。

中丞既谢世，延实卜居县城之东南门内金潼港。有楼翼然出于城闉之上，前俯隍水，遥望三面皆吴淞江之野，塘浦纵横，田塍如画，而村墟远近映带。延实日焚香洒扫，读书其中，而名其楼曰

81

见村。

　　余间过之。延实为具饭。念昔与中丞游，时时至其故宅所谓南楼者，相与饮酒，论文，忽忽二纪，不意遂已隔世。今独对其幼子饭，悲怅者久之。城外有桥，余常与中丞出郭造故人方思曾，时其不在，相与凭槛，常至暮，怅然而返。今两人者皆亡，而延实之楼，即方氏之故庐，予能无感乎！

　　这篇文写见村楼是感事，追述李罗村事是怀人。可说由感事与怀人综合而成的一篇文。

管夫人画竹记——侯方域 ❶

　　曹州余尉，出画竹一轴以示余曰："此元管夫人所作也。出自大内，明亡后，游燕市而得之。"

　　呜呼！余闻书画之在大内也，中贵人掌之，玉其椟而金其缄，而犹志之以别玺曰："秘阁之宝；"今出自天子之宫，而入尉之手，废兴之故，可以感矣！然方其在大内也，虽玉椟而金缄，而天子倦万几，或终岁不观，暇则妒宠工媚者各趋而前，书画不能以其落寞争也；虽中贵人掌之，而彼日徒营为酒食醉饱，则斗鸡驯猫，亦不知观，而天下之文雅鉴赏者，固虽欲观之，而秘阁禁严，不能到也，是终无由见知于世也。方且真伪杂而美恶溷 ❷，不过荣其外而已。尉乃鉴之，别之，爱之，重之，与天下之有识者更拂拭而赞叹之，故天下之物，有不必荣于天子之宫，而绌于尉之手者。呜呼！遇合之道，诚难与俗人言也。

❶ 侯方域（1618-1655）：明末清初著名文人，著作有《壮悔堂文集》10卷，《四忆堂诗集》6卷。清初作家孔尚任撰《桃花扇》传奇剧本即是写侯方域与秦淮名妓李香君的爱情故事，反映南明弘光王朝的政治动乱。

❷ 溷（hùn）：肮脏，混浊。

尉又云："今太保宋公，尝见而欲得之。诡辞以岁久剥落，将入吴中求国工装之以献。时尉方求补官舍于太保之馆，因遂逡巡以去。其后数见太保辄问曰："画固在乎？曾求国工治装乎？"言之而笑。尉终不献，太保亦不更索也"。

呜呼！尉诚高矣。若太保者不具论，倘亦所谓不贪为宝者乎！

余尝观之，其绢细密有坚致，非近世所能为。竹潇洒神韵，旁有石历落而远，其为管夫人作无疑。

管夫人者，赵文敏之妻也。文敏以宋宗姓仕元为显官，今所传者翰墨满天下，岂当时矜重而求索不获辞耶？抑文敏夫妇借以写其彼黍离离之感耶，何其有闲情而为此也？然当时仕之以显官，矜重其翰墨，而卒使之消遣于艺事，不忧，不戚，夫妇偕老，呜呼！当时之所以待胜国者厚矣。

凡此皆其可记者也，余因为之记。

这篇文也很复杂。见画竹是感物，说到赵子昂❶与管夫人是怀人，说到南宋亡国之感，是吊古。这可说是由感物、怀人、吊古综合而成的一篇文。

❶ 赵子昂：即赵孟頫，元代著名书画家。

第三章　情感的涵养

总论

★ 不要滥用情感，换一
句话说，就是：不要
滥作文。

我们从前一章所得到的结论是：情感是人人有的，必须感于外物而后动，情感发动了，而后能写成抒情文。但是除此之外，我们对于情感，也有涵养的必要。所谓涵养，大约是如下：（1）不要滥用；（2）不要用尽；（3）情感不要被理智所消灭。

不要滥用

不要滥用情感，换一句话说，就是：不要滥作文，

必须遇到值得作抒情文的事而后作，必须到了不得不
写的时候而后写。如此，写成的文才能好。倘然滥用
情感，滥写抒情文，一定写不好。轻易许诺的人，往
往不能守信；滥言恋爱的人，必没有真爱。作文也是
这样。滥作抒情文的人，必作不出好文。

不要用尽

　　情感不要用尽，方能保持得长久。朱子注《黍稷》
一篇，引元城刘氏的话，说得最好。他说道：

　　　　常人之情，于忧乐之事，初遇之，则其心
　　变焉，次遇之，则其变少衰，三遇之，则其心如
　　常矣。

　　　　至于君子忠厚之情则不然。……所感之心，终
　　始如一，不少变而愈深。此则诗人之意也。

　　始终不变，方是忠厚之情。然必须初次不要用尽，
方能持久。若初次一泄无遗，以后便难乎为继❶。所以
情感不要用尽，便成了作抒情文的一个条件。

　　不过，用情不尽，同时有一个缺点，就是情感不
热烈。这一点是个很大的问题。拿中国的抒情文同西
洋的抒情文比较起来，总觉得西洋抒情文的情感热烈，
而中国抒情文的情感冷淡。有人便以此断定中国的抒

❶ 难乎为继：难以继续下
去，出自《礼记·檀弓
上》。

85

情文不好。其实这是一方面的话。倘然根据我前面的话来评判，热烈便不能持久，必须冷淡方能持久，则冷淡不能算不好。究竟西洋抒情文中的情感，是否持久不衰，这确不敢轻下断语。但是照中国的习惯看，热烈的不能持久，冷淡的能持久几乎成了不易之理，而中国的文人也莫不主张情不用尽，话不说尽，在他们称为"含蓄"。

我的意见，抒情散文可以是情不用尽，话不说尽。然也非必须情不用尽，话不说尽。冷淡的固然可以持久，然而热烈的在短时期内感人的力量，也格外地大。两者可以并行。但有一件事，要附带说明。以前中国文人，多误会了，以为无论什么文，都要话不说尽。却不知说明文及论辩文，是应该说尽的，愈说得尽愈好。前人既已误会，不必说了；但恐今人仍是有误会的，特为附带说明几句。读者幸勿以为我说到题目外面去了。

情感不要被理智所消灭

抒情文是本于情感。然情感和理智是冲突的，理智的程度增高一分，便能使情感的程度减低一分，理智的程度愈是高，情感的程度愈是低。不识字的乡下人，随口唱的山歌，往往非读书明理的人所能学得到，就是这个道理。

譬如，没有科学知识的人，仰头看见明月，深信不疑的，以为月亮中有玉楼、银阙，名叫广寒宫❶，宫中住着无数的仙女。又以为月亮中有嫦娥，有兔子在那里捣药，又以为月中有一株桂树，有吴刚❷在那里用斧头砍伐桂树。种种的幻想，使得他发生种种变化不可测的情感。把这种种情感写成抒情文，就成为绝妙的作品。照科学说起来，这都是迷信，是应该破除的。然照文学说，无妨迷信，而且迷信的程度愈深愈好。

倘然这个望月的人，一旦懂了科学，他就知道月亮不过是个死气沉沉、没有一毫生机的世界；知道月亮的一明一暗，不过是借着日光，或借不着日光的关系。如此，对于科学的知识，可说是有了；但是叫他写一点文学作品，绝不及那迷信的人写得好。

这一个例，能够充分地证明理智能消灭情感的道理。从另一方面说，我们固然要破除迷信，要信仰科学，要增高理智的程度。但是单就文学而论，又不能

❶ 广寒宫，中国古代传说中月亮上的宫殿。

❷ 吴刚：古代神话人物，被天帝惩罚在月宫伐桂树。

让理智消灭情感。

这当然是一件冲突的事。顾了这一面，顾不到那一面；顾了那一面，顾不到这一面。我的意见是如下：

我们固然增高我们的理智程度，但是作抒情文的时候应该暂时把理智的程度压低，而不要使我们的情感永远被理智消灭了。

第四章　情感的测度

总论

　　所谓情感的测度❶，就是我们自己常常测度我们的情感是什么程度。因此，便可以知道我们所写的抒情文有多少价值。同时，也可以测度他人的情感是什么程度，而品评他们所写的抒情文有多少价值，必须自己的力量写得出有价值的文时而后写，方不至于写成无聊的文。怎样测度呢？（1）测度情感的深浅；（2）测验情感的真假。

❶ 测度：猜测，揣度，料想。

测度情感的深浅

我们感于物而动的情，有深，有浅。如要测度它的深浅，只看所感的外物和我们的关系深不深，便可知道。譬如，遇见一个不相识的人，因为遇着水灾，在路上讨饭，我们固然觉得他可怜，但是，这种情感是不十分深的。倘然这个遇着水灾在路上讨饭的人，和我们有朋友或亲戚的关系，那么，我们可怜他的情感，便要更深了。倘然这个人是我们的兄弟或儿女，那么我们对于他的情感越发深了。总说一句：这个人和我们的关系的深浅，和我们被他所感而动的情的深浅，是一个正比例。除了两方面有特别的情形是例外，如此，情感的深浅是可以测度的了。而情感的深浅和所写的抒情文的好不好，又是一个正比例。如此，写成的文的价值如何，也可以预先测定了。

★ 如此，情感的深浅是可以测度的了。而情感的深浅和所写的抒情文的好不好，又是一个正比例。

测验情感的真假

情感有深有浅，上面已经说过了。而情感除了深浅之外，再有真假。真假和深浅相似而不同。譬如，我们可怜一个不相识的难民，我们的情感虽然很浅，却是真情。倘然我们遇到一个浮泛之交的朋友死了，因为对付他的讣闻的关系，不得不送他一幅[1]挽对，或一首挽诗，联中或诗中虽然填满了伤心流泪的字，但是，这种情感，不是真的情感，乃是假的情感。叫花[2]子假装烂脚，赖学的小孩子假装头痛，妓女送客假装哭……虽然是所装的个个[3]不同，而其为假则无不同。情感的真假，我们只消在这个人的四周围细细地考察，便可看得出。譬如，这个人的言行自相矛盾，那么他的话必是假的。或者他的话前后自相矛盾，那么，他的话也是假的。情感的真假和他所写成的文好不好，也是一个正比例。所以，我们从情感的真假上，也可以预测他所写成的文的价值如何。

[1] 原书中为"付"。

[2] 原书中为"化"。

[3] 原书中为"各各"。

第三编 方法论

第一章 如何写抒情散文

总论

前一编说明白了预备写抒情散文。这一编是说如何动笔写抒情散文。换一句话说：就是写的方法。在旧的方面，有所谓"古文笔法"，有所谓"古文义法"，有所谓"赋兴比"❶，有所谓"古文四象"，等等。在新的方面，便是修辞学和各种主义等。这些名称，虽然是一般的文学里的名词，不是抒情散文里所专有的名词；然抒情散文是包括在一般的文学作品以内的，所以这些名称也适用于抒情散文。不过，我这里并不是

❶ "赋比兴"：即"赋比兴"，诗经的三种主要表现手法。它是根据《诗经》的创作经验总结出来的。赋：平铺直叙，铺陈、排比。相当于现在的排比修辞方法。比：类比，比喻。兴：托物起兴，先言他物，然后借以联想，引出诗人所要表达的事物、思想、感情。

采取这些方法的任何一种，只不过把它略说一下。

所谓古文笔法

所谓"古文笔法"，就是用笔的方法。如何"起？"如何"结？"如何"抑？"如何"扬？"如何"顿？"如何"挫？"如何如何？说得很详细。不过，照现代的眼光看起来，这些方法，无非是所谓"绕笔头❶"。我们学会了"绕笔头"，可以作得出清通流丽的文章，但不一定能作得出好的抒情散文。按照"笔法"去作文：笨拙的人，苦被笔法所束缚，而作不出好文来；聪明的人，往往只学会了空调。

所谓古文义法

"古文义法"，也和"笔法"的性质差不多，不过程度高一些。在旧时候人家是很重视它的，不过，照现代的眼光看起来，也是不对。

❶ 绕笔头：即绕笔，也叫曲笔。绕笔是诗文创作中使用的一种曲折表达思想感情的艺术手法。

赋兴比

"赋兴比",虽然是诗歌里用的名词,然抒情散文与诗歌有相同之点,所以这三个字也适用于抒情散文。"赋",就是直陈其情。"兴",就是从他事他物说起,慢慢地说到自己的情感。"比",就是借他事他物,发抒自己的情感,旧时通称为"借题目作文章",又称为"借人家的酒,浇自己的块磊❶"。换一句说:就是面子上说的是人家,骨子里说的是自己。

❶ 块磊:即块垒。比喻郁结在心中的不平或愁闷。

所谓古文四象

所谓"四象",这个名词,太抽象了。它是根于"阴""阳"二字而来的。从"阴""阳"分化为"太阴""太阳""少阴""少阳"而称为"四象"。所以要说明"四象",不如先说"阴""阳"。"阴""阳"二字,也可用其他相当的名词来代替。如"刚""柔","硬性""软性"等便是。

修辞法

这是大家所知道的，不必多说。关于修辞学，另有专书。一切的文学作品，都要用修辞方法，当然，抒情散文也要用修辞方法。不过，另有专书，我这里不多说了。

各种主义

这就是文学上的各种主义，如"浪漫主义""象征主义"等便是。虽然"主义"和"作法"不能混为一谈，但其中也有互相关系之点。例如"象征主义"和修辞学中的"比喻"和"赋兴比"中的"比"，是差不多。关于文学上的各种主义，另有专书，这里也不能多说。读者如欲读一读这类书，就我所知，以《近代文学 ABC》❶为佳。

❶《近代文学 ABC》：民国时期出版的文学普及读物，作者吴云。

我的方法论

根据上文所言，旧的方法既无足取（至少也须变通），而修辞学及各种主义，又不能说它就是写抒情散

文的方法。那么，写抒情散文的方法是怎样呢？我的
意见是如下：

> 必须先有了很深的情感，很真的情感，然后让
> 它流露出来。至于写的方法，从一方面说，不外是
> "明写"或"暗写"；从另一方面说，不外是"率直
> 的写法"和"婉转的写法"。

　　不过，另外有一个注意点，就是所用的方法，是
要跟着所抒的情而不同。例如抒愤怒之情，多用"明
写"，多用"率直的写法"；抒忧郁之情，多用"暗写"，
多用"婉转的写法"。这是一定的道理。

　　此外，再有一点要注意。所用的方法，也跟着作
者的个性、环境、时代、年龄、性别等而不同。例如，
个性刚强的作者，多用"明写"，多用"率直的写法"；
个性柔弱的作者多用"暗写"，多用"婉转的写法"；少
年的作者，文笔稚弱而流丽，善于用"婉转的写法"；
老年的作者，文笔老练❶而简当，宜于用"率直的写
法"。其他环境、时代、性别等，都有关系。

❶ 原书中为"老炼"。

　　现在我们再把新旧各个名词比较一下，列一个表
如下：

明　写	赋	阳	
暗　写	比	阴	象　征

率直的写法	阳	刚	硬 性	壮 美
婉转的写法	阴	柔	软 性	优 美

我们再假定一个例，看这篇抒情文是怎样的写法。

所表的情	是怜悯	应用婉转的写法
作者个性	刚 强	宜用率直的写法
作者环境	受压迫而无法反抗	宜用婉转的写法
作者时代	太平时代而讲禁忌	宜用婉转的写法
作者年龄	二十岁	善于用婉转的写法
作者性别	男	善于用率直的写法

★ 照此看来，我们作一篇抒情散文，所用的方法，大多数是复杂的，绝少单纯的。

这篇抒情散文的结果是怎样呢？我想它所用的方法应该是六分之二是用"率直的写法"，六分之四是用"婉转的写法"。

照此看来，我们作一篇抒情散文，所用的方法，大多数是复杂的，绝少单纯的。简直可以说，都是复杂的，没有单纯的。

不过，我们在这里讲方法，不能不以各种单纯的方法为单位。现在把"明写""暗写""率直""婉转"各法，分别说明如下。

第二章　明写法

明写的说明

所谓"明写"，就是把所有的情感，明明白白地写出来。既不愿意有所掩蔽，而抒写的技能，也能够写得出。这是很容易明白的，不必多说。

至于有所掩蔽的，那就不能明写，只好暗写。它所以要掩蔽的原因，也不止一种。现在只举一种为例，如下：

　　钱大昕❶说："太史公《报任安书》，不敢言汉待功臣之薄。而李少卿《答苏武书》，于韩、彭、周、魏、李广诸人之枉，剀切言之"。

❶ 钱大昕（1728-1804）：清代史学家、汉学家，著有《宋学士年表》《元诗记事》《三史拾遗》《诸史拾遗》等。

101

这里说司马迁与李陵二人，一个不敢说，便要掩蔽，一个敢说，而不怕忌讳。我的意见，并不是司马迁不想说汉待功臣之薄，也不是司马迁的胆比李陵小。只是因为两人所处的环境不同。司马迁在中国，自然不敢说；李陵在外国，自然敢剀切言之。然司马迁既不敢明言，却又不肯不言，于是借古人来发自己的牢骚。《史记》中的《伯夷列传》《屈原列传》，多半是发自己的牢骚的话，不过是借古人做题目罢了。

这不过是"不明说"的一个例。他例尚多，不必遍举。反转来说：一切不顾，要说就说，爽爽快快地说，那就是明写。曾国藩道："文章不可不放胆作。昔人谓文忌爽，非也。孟子乃文之至爽者。"吕璜❶《初月楼古文绪论》也有这话，说："文章不可不放胆作。"他们二人的话，都是主张"明写"的。

清人刘熙载《文概》❷说道："欧文优游有余，苏文昭晰无疑。"他所谓"优游"，就是我们这里所说的"婉转的写法"；他所谓"昭晰"，就是我们这里所说的"明写"。

孟子的文爽，是孟子善于明写。苏文昭晰，是东坡也是善于明写的。不过，孟子的文，全是说明文和论辩文，不是抒情文，苏文也大概是说明文和论辩文，

❶ 吕璜（1778-1838）：清代古文家，著有《月沧文集》《初月楼古文绪论》等。

❷ 《文概》：刘熙载理论著作《艺概》中一卷。《艺概》是作者平时论文谈艺的汇编，成书于晚年，全书共六卷，分为《文概》《诗概》《赋概》《词曲概》《书概》《经义概》，分别论述文、诗、赋、词、书法及八股文等的体制流变、性质特征、表现技巧和评论重要作家作品等。

抒情的不多。

明写法之第一例

现在我们试举一篇明写的抒情文为例如下。

这是民国前一年广州起义时烈士林觉民❶写给他妻的家书。照一般的人情说，"死"，是一件什么事？把自己的"死的消息"告诉亲爱的妻，是一件什么事？怎样好明明白白、爽爽快快地告诉？将不知是怎样地提笔踌躇而不能下，将不知怎样地吞吞吐吐欲言而不言。然而我们的林烈士，却不是如此。他开头就说："吾今以此书与汝永别矣！"这究竟是烈士的口吻，而不是他人所能勉强学到的。现在我们看它全篇是怎样！

意映卿卿❷如晤，吾今以此书与汝永别矣！吾作此书时，尚为世中一人；汝看此书时，吾已成为阴间一鬼。吾作此书，泪珠和笔墨齐下，不能书竟而欲搁笔；又恐汝不察吾衷，谓吾忍舍汝而死，谓吾不知汝之不欲吾死也，故遂忍悲为汝言之。

吾至爱汝！即此"爱汝"一念，使吾勇于死就也。吾自遇汝以来，常愿天下有情人都成眷属。然遍地腥膻，满街狼犬❸，称心快意，几家能够❹？司马青衫，吾不能学太上之忘情也❺。语云："仁

❶ 林觉民（1887-1911）：辛亥革命时的民主革命烈士。参加起义前留下的绝笔《与妻书》，情真意切，字字泣血，到处都是浓得化不开的真情，缠绵悱恻而又充满激情，充满凛然正气，为国捐躯的激情与对爱妻的深情两相交融、相互辉映，叫人断肠落泪，而又撼人魂魄、令人感奋。

❷ 意映卿卿：意映，作者妻子的名字。卿卿，旧时夫妻间的爱称，多用于对女方的称呼。

❸ 遍地腥膻，满街狼犬：比喻清朝血腥凶残的统治。

❹ 原书中为"毂"。

❺ 司马青衫：参见《琵琶行》，这里表达自己深切同情人民疾苦的心情。太上之忘情：古人有"太上忘情"之说，意思是修养最高的人，忘了喜怒哀乐之情。

103

者老吾老以及人之老，幼吾幼以及人之幼。"吾充吾爱汝之心，助天下人爱其所爱，所以敢先汝而死，不顾汝也。汝体吾此心于啼泣之余，亦以天下人为念，当亦乐牺牲吾身与汝身之福利，为天下人谋永福也，汝其勿悲。

汝忆否四五年前某夕，吾尝语曰："与使吾先死也，无宁汝先吾而死。"汝初闻言而怒，后经吾婉解，虽不谓吾言为是，而亦无辞相答。吾之意盖谓以汝之弱，必不能禁失吾之悲；吾先死留苦与汝，吾心不忍；故宁请汝先死，吾担悲也。嗟夫❶！谁知吾卒先汝而死乎？

吾真不能忘汝也！回忆后街之屋，入门穿廊，过前后厅又三四折有小厅，厅旁一屋为吾与汝双栖之所。初婚三四个月，适冬之望日前后，窗外疏梅筛月影，依稀掩映。吾与汝并肩携手，低低切切❷，何事不语，何情不诉。及今思之，空余泪痕。又回忆六七年前，吾之逃家复归也，汝泣告我："望今后有远行，必以告妾，妾愿随君行。"吾亦既许汝矣。前十余日回家，即欲乘便以此行之事语汝，及与汝相对，又不能启口；且以汝之有身也，更恐不胜悲，故惟日日呼酒买醉。嗟夫！当时余心之悲，盖不能以寸管形容之。吾诚愿与汝相守以死，第以今日事势观之，天灾可以死，盗贼可以死，瓜分之日可以死，奸官污吏虐民可以死，吾辈处今日之中国，国中无地无时不可以死；到那时使吾眼睁睁看汝死，或使汝眼睁睁看我死，吾能之乎？抑汝能之乎？即可不死，而离散不相见，徒

❶ 嗟夫：表示感叹。

❷ 切切：形容私语时低微细小的声音。

使两地眼成穿而骨化石❶，试问古来几曾见破镜能圆？则较死为尤苦也，将奈之何？今日吾与汝幸双健。天下人人不当死而死与不愿离而离者，不可数计，钟情如我辈者，能忍之乎？此吾所以敢率性就死❷不顾汝也。吾今死无余憾，国事成不成，自有同志者在。依新已五岁，转眼成人，汝其善抚之，使之肖我。汝腹中之物，吾疑其女也，女必像汝，吾心甚慰。或又是男，则亦教其以父志为志，则我死后尚有二意洞在也。甚幸，甚幸！吾家后日❸当甚贫，贫无所苦，清静过日而已。

吾今与汝无言矣！吾居九泉之下，遥闻汝哭声，当哭相和也。吾平日不信有鬼，今则又望其真有。今人又言心电感应有道，吾亦望其言是实，则吾之死，吾灵尚依依傍汝也。

吾生平未尝以吾所志语汝，是吾不是处。然语之又恐汝日日为吾担忧。吾牺牲百死而不辞，而使汝担忧，的非吾所思。吾爱汝至，所以为汝体者惟恐未尽。汝幸而偶我❹，又何不幸而生今日之中国；吾幸而得汝，又何不幸而生今日之中国，卒不忍独善其身。嗟夫！纸短情长，所未尽者尚有万千，汝可以摹拟得之。吾今不能见汝矣！汝不能舍吾，其时时于梦中得我乎！一恸！

　　这封信中所抒的情，是怎样的真挚，而抒写得又怎样的明白！虽然是文字不及那些古文家做得那样工，却是感人的程度，实在是在古文家的古文以上。

❶ 眼成穿而骨化石：这里用来形容夫妇离别两地相思的痛苦。

❷ 率性就死：毅然踏上死地。

❸ 后日：今后的日子。

❹ 偶我：以我为配偶。

明写法之第二例

我们现在再看第二个例。这个例也是一封信，是前清时一个到偏僻地方做小官的人，写给他的朋友的信。这人名叫于成龙❶，这封信❷是写给他的朋友荆雪涛的。信中所言，虽然都是他身历蛮荒的事实，但处处是叙事，即处处是抒情，处处写出他勇于任事、不怕艰难的精神。抒写的方法也极明白。现在我们看他的信：

> 广西柳州罗城，偏在山隅。土司环绕，山如剑排，水如汤沸，峦烟瘴雨。北人居此，生还者十❸不得一二。土民有猺、獞、狑、狼之种，性好斗杀。顺治十六年冬，初入版籍。
>
> 成龙以十八年之官，选授后，亲者不以为亲，故者不以为故，行次清源，同年生王吉人，慷慨好义人也，夙与成龙家食尚可自给，劝勿往。成龙年四十五，英气有余，私心自度，"古人利不苟趋，害不苟避之义"何为？俯首不答。抵舍，别母及家人。典鬻田屋，得百金，携苍头五人，颇勇壮可资。濒行，族属老稚相饯，欢饮至夜，扶醉就枕，而天已曙矣。儿子庭翼，为诸生已久，犹谨朴如处子，以田产文券历历付之，但命之云："我为官，不顾汝；汝作人，莫思我而已。"拜先祠，别老母，门内外但闻哭声，不复回顾，此时壮气可吞猺獞而餐烟瘴也。

❶ 于成龙（1617-1684）：清代著名官吏，因卓著的政绩和廉洁刻苦的一生，深得百姓爱戴和康熙帝赞誉，以"清官第一"蜚声朝野。

❷ 信即为《与友人荆雪涛书》。

❸ 原书中为"什"。

行及湖南冷水滩，卧病扶掖❶，陆行之桂林，谒上官，见羸体伶仃，惊悯特异，皆劝以善调治，勿亟赴罗城。抱疴之人，至是胆落；往日豪气，不知消磨何所矣。

罗城与融县沙巩连界。行至沙巩，登山一望，蒿草满目，无人行径，回忆同年生之忠告不置。八月二十日，入县中。居民仅六家。宿神庙中，永夜不成寐。明日，到县庭：无门垣，草屋三间，东断为宾馆，西断为书吏舍，中辟一门入，亦屋三间，内廨支茅穿漏，四无墙壁。郁从中来，病不自持，一卧月余，从仆环向而泣，了无生气。张目一视，各不相顾，乞归无路。扶病理事，立意修善，以回天意。凡有陋弊，清察厘革。

无几何，一仆死，余仆皆病。成龙自忖一官落魄，复何恨；诸仆无罪，何苦贻累？丁宁令各逃生。一仆苏朝卿，仗义大言："若今生当死于此，去亦不得活。弃主人于他乡，即生亦何为？"噫！幸有此也。当时通详边荒久反之地，一官一仆，难以理事，乞赐生归。当事者付之一笑而已。

无何，苏仆亦死而大儿续觅四仆来，又前后死其三人。止存一仆，昼夜号啕如风魔，遂听其归。

万里一身，生死莫主；夜枕刀卧，床头树二枪以自防。然思为民兴利除害，囊无一物，猖獗虽顽，无可取之资，亦无可杀之仇也。事至万不得已，则勉强为之。申明保甲，不得执持兵器。间有截路伤命、无纵盗情，必务缉获，推详真实，诛戮

❶ 扶掖：扶持，提携。

立时，悬首郊野。渐次人心信服，地方宁静。而地与柳城西乡接境。其人祖孙父子，生长为贼，肆害无已。身为民父母，而可使子弟罹殃咎乎？约某乡民练兵，亲督剿杀；椎牛盟誓，合力攻击。先发牌修路，刻日进攻，此未奉委命而擅兵，自揣功成，罪亦且不赦；但为民而死，奋不顾身，胜于瘴病死也。渠魁俯首，乞恩讲和。掳掠男女牛畜，皆送还。仍约每年十月犒赏❶牛酒。敢有侵我境者，竟行剿灭。盖撞人不畏杀，惟以剥皮为号令，而邻盗渐息。

至是，上官采访真确，反厌各州县之请兵不已，报盗不休，为多事也。嗣后官民亲睦，或三日，或六日，环集问安，如家人父子。言及家信杳绝，悲痛如切己肤。

土谣云："武阳冈三年必一反。"比及三年，食寝不安。人心既和，谣言不验。又云："三年一小剿，五年一大剿。"比及三年，又复无事。而民俗婚丧之事，亦皆行之以礼，感之以情。罗城之治，如斯而已。谬蒙上官赏识，列之荐章；遂有四川合州之擢。

自数年来，本非为功名富贵计，止欲生归故里：日二食，或一食；读书堂上，坐睡堂上；首足赤露，无复官长礼；夜以四钱沽酒一壶，无下酒物，快读唐诗，痛哭流涕，并不知杯中之为酒为泪也。回想同僚诸人，死亡无一得脱。兴言及此，能不寒心？是以赴蜀之日，益励前操，至死不变。此数年大概也。偶书寄，以发知己万里一慨。

❶犒赏：犒劳赏赐。

明写法之第三例

现在我们再找一封近人写的白话信，看他是怎样的写法！这封信是从《寄小读者》❶中选录出来的。因为它比较的长的缘故，把原有的中间引的几首诗删去了。这封信是作者在外国医院里养病，寄回祖国，寄给她母亲的信。

❶ 选自《寄小读者·通讯十三》。

亲爱的母亲：

这封信母亲看到时，不知是何情绪。——曾记得母亲有一个女儿，在母亲身畔二十年，曾招母亲欢笑，也曾惹母亲烦恼。六个月前，她竟横海去了，她又病了，在沙穰休息着，这封信便是她写的。

如今她自己寂然地在灯下，听见楼下悠扬凄婉的音乐和栏旁许多女孩子的笑声，她只不出去。她刚复了几封国内朋友的信，她忽然心绪潮涌，是她到沙穰以来，第一次的惊心。人家问她功课如何？圣诞节会到华盛顿、纽约否？她不知所答，光阴从她眼前飞过，她一事无成，自己病着玩！

她如结的心，不知交给谁慰安好，——她倦弱的腕，在碎纸上纵横写了无数的"算未抵人间离别！"直到写了满纸，她自己才猛然惊觉，也不知这句从何而来！

母亲啊！我不应如此说，我生命中只有"花"，和"光"，和"爱"；我生命中只有祝福，没有诅

109

咒❶。——但此时的怅惘，也该觉着罢！有时的悲哀而平静的思潮，永在祝福中度生活的我，已支持不住。看！小舟在怒涛中颠簸，失措的舟中，抱着橹竿，哀唤着"天妃"的慈号。我的心舟在起落万丈的思潮中震荡时，母亲！纵使你在万里外，写到"母亲"两个字在纸上时，我无主的心，已有了着落。

一月十日 夜——

昨夜写到此处，看护进来催我去睡，当时虽有无限的哀怨，而一面未尝不深幸有她来阻止我，否则尽着我往下写，不宁的思潮之中，不知要创造出怎样感伤的话来！

母亲！今日沙穰大风雨，天地为白，草木低头。晨五时我已觉得早霞不是一种明媚的颜色，惨绿怪红，凄厉❷得可怕！只有八时光景，风雨漫天而来，大家从廊上纷纷走进自己屋里，拼命地推着关上门窗。白茫茫里，群山都看不见了，急雨打进窗纱，直击着玻璃，从窗隙中溅进来。狂风循着屋脊流下，将水洞中积雨，吹得喷泉一般的飞洒。我的烦闷，都被这惊人的风雨，吹打散了。单调的生活之中，原应有个大破坏，——我又忽然想到此时如在约克逊舟上，太平洋里定有奇景可观。

我们的生活是太单调了，只天天随着钟声起卧休息，白日的生涯，还不如梦中热闹。松树的绿意总不改，四围山景就没有变迁了。我忽然恨松柏为何要冬青，否则到底也有个红白绿黄的更

❶ 原书中为"咒诅"。

❷ 凄厉：犹言凄凉肃穆。

110

换点缀。

为着止水般无聊的生活，我更想弟弟们了！这里的女孩子，只低头刺绣，静极的时候，连针穿过布帛❶的声音都可以听见。我有时也绣着玩，但不以此为日课；我看点书，写点字，或是倚栏看村里的小孩子，在远处林外溜水，或推小雪车。有一天静极忽发奇想，想买几挂大炮仗来放放，震一震这寂寂的深山，叫它发空前的回响。——这里，做梦也看不见炮仗，我总想得个发响的东西玩玩，我每每幻想有一管小手枪在手里，安上子弹，抬起枪来，一扳，砰的一声，从铁窗纱内穿将出去！要不然小汽枪也好……但这至终都是潜伏在我心中的幻梦，世界不是我一个人的，我不能任意地破坏沙穰一角的柔静与和平。

母亲！我童心已完全来复了，在这里最适意的，就是静悄悄地过个性的生活。人们不能随便来看，一定的时间和风雪的长途都限制了他们，于是我连一天两小时的无谓的周旋，有时都不必作。自己在门窗洞开、阳光满照的屋子里，或一角回廊上，三岁的孩子似的，一边忙忙地玩，一边呜呜地唱，有时对自己说些极痴骏的话。休息时间内，偶然睡不着，就自己轻轻地为自己唱催眠的歌。——一切都完全了，只没有母亲在我旁边！

一切思想，也都照着极小的孩子的径路奔放发展：每天卧在床上，看护把我从屋里推出廊外的时候，我仰视着她，心里就当她是我的乳母，这床是我的摇篮。我凝望天空，有三颗最明亮的星星。轻

❶ 布帛：丝、麻、棉织物的总称。

淡的云，隐起一切的星辰的时候，只有这三颗依然吐着光芒。其中的一颗距那两颗稍远，我当他是我的大弟弟，因为他稍大些，能够独立了。那两颗紧挨着，是我的二弟弟和小弟弟，他两个还小一点，虽然自己奔走游玩，却时时注意到其他的一个，总不敢远远跑开，他们知道自己的弱小，常常是守望相助。

这三颗星总是第一班从暮色中出来，使我最先看见；也是末一班在晨曦中隐去，在众星之后，和我道声"暂别"；因此发起了我的爱怜系恋，便白天也能忆起他们来。起先我有意在星辰的书上，寻求出他们的名字，时至今日，我不想寻求了。我已替他们起了名字。它们的总名是"兄弟星"，他们各颗的名字，就是我的三个弟弟的名字。

自此推想下去，静美的月亮，自然是母亲了。我半夜醒来，睁眼❶看见她，高高地在天上，如同俯着看我，我就欣慰，我又安稳地在她的爱光中睡去。早晨，勇敢的、灿烂的太阳，自然是父亲了。他从对山的树梢，雍容尔雅地上来，他又温和又严肃地对我说："又是一天了！"我就欢欢喜喜地坐起来，披衣从廊上走到屋里去。

此外，满天的星宿，都是我的一切亲爱的人，这样便同时爱了星星，也爱了许多姊妹朋友。——只有小孩子的思想是智慧的，我愿永远如此想；我也愿永远如此信！

风雨仍不止，山上的雪，雨打风吹，完全融化了。下午我还要写点别的文字，我在此停住了。母

❶ 原书中为"开眼"。

亲，这封信我想也转给小朋友们看一看，我每忆起他们，就觉得欠他们的债。途中通讯的碎稿，都在闭壁楼的空屋里锁着呢，她们正百计防止我写字，我不敢去向她们要。我素不轻许愿，无端破了一回例，遗我以日夜耿耿的心；然而为着小孩子，对于这次的许愿，我不曾有半星儿的追悔。只恨先忙后病的我对不起他们。——无限的乡心，与此信一齐收束起，母亲，真个不写了，海外山上养病的女儿，祝你万万福！

　　一九二四年一月十一日，青山沙穰

第三章　暗写法

暗写的说明

"暗写"，就是把自己的情感，隐隐约约地发抒出来，而不是爽爽快快地发抒出来，或间接地发抒出来，而不是直接地发抒出来。

我们在第二章里说"明写法"，也已经附带说到"暗写法"了。司马迁是中国抒情散文作者中最善于用"暗写法"的。就是后来的作者，也是善于用"暗写法"的多，善于用"明写法"的少。谢叠山❶称欧阳修云："欧阳修文章为一代宗师，然藏锋、敛锷、韬

❶ 谢叠山（1226-1289）：南宋名臣。在中国历史上，他和文天祥并誉为爱国主义的"二山"。一生志节耿耿，贫贱不移，坚贞不屈。主要作品有《诗传注疏》《易传注疏》《书传注疏》《易说》等。

光、沉馨"。你看！藏锋、敛锷、韬光、沉馨，这八个字是怎样的能描写出用暗写法的情形来！

　　清人刘大櫆❶《论文偶记》云："理不可以直指也，故即物以明理；情不可以言显也，故即事以寓情。即物以明理，庄子之文也；即事以寓情，《史记》之文也"。这里分两层说。第一层是"即物以明理"，是"庄子之文"，不关我们这里的事，我们可丢开不讲。第二层是"即事以寓情"，他说："情不可以言显。"情何尝不可以言显呢？他这句话不一定是确论。不过，照他的见解，情是不可以言显的，必须即事以寓情。这就是我们所谓"暗写法"了。他说《史记》之文，是即事以寓情，可见《史记》善于用"暗写法"。

　　清初魏禧论文云："古文之妙，只在说而不说，说而又说，是以极吞吐，往复，参差，离合之致。"说而不说、吞吐，都是暗写的秘诀。说而又说、往复，是婉转。"婉转的写法"，我们在下面再有比较详细的说明。我们读了魏禧的这一段话，可知中国一般抒情散文作者，都是喜欢主张用"暗写法"的。

　　"暗写"，在今日各种主义中，很和"象征主义"相似，而在"赋兴比"中间，也就是"比"。这话前面已经说过了。现在我们再举几个实例，看是怎样。

❶ 刘大櫆（1698-1779）：清代散文家。他论文强调"义理、书卷、经济"，主张在艺术形式上模仿古人的"神气""音节""字句"，是继方苞之后桐城派的中坚人物。所著《论文偶记》，既肯定内容的重要性同时注重法度、技巧。他继承归有光将小说、戏曲描写手法用于散文写作的创作手法。强调字句、音节之妙，风格、意境之美，较之空谈"文以载道"是一大进步。

暗写法之第一例

这是司马迁《史记》中的《屈原列传》。照"史"的体例说，是不应该在叙事中夹杂抒情的话。而这一类的传，也不能称为抒情散文，不过，司马迁的"史"，是特别的。他作《史记》的动机，不是在作史，而是在于抒情。他是借古人的事，发自己的牢骚。《史记》中《伯夷列传》《屈原列传》等篇尤其是抒情的话比叙事的话多。譬如《屈原列传》罢！他在叙述过楚怀王听信谗言、疏远屈原之后，接着说道：

> 屈平疾王听之不聪也，谗谄❶之蔽明也，邪曲之害公也，方正之不容也，故忧愁幽思，而作《离骚》。"离骚"者，犹离忧也。夫天者，人之始也，父母者，人之本也，人穷则反本，故劳苦倦极，未尝不呼天也，疾痛惨怛，未尝不呼父母也，屈平正道直行，竭忠尽智，以事其君，谗之，可谓穷矣，信而见疑，忠而被谤，能无怨乎！屈平之作《离骚》，盖自怨生也。《国风》好色而不淫，《小雅》怨诽而不乱，若《离骚》者，可谓兼之矣！上称帝喾，下道齐桓，中述汤武，以刺世事。明想德之广崇，治乱之条贯，靡不毕见。其文约，其辞微，其志洁，其行廉，其称文小，而其指极大，举类迩，而见义远，其志洁，故其称物芳，其行廉，故死而不容自疏，濯淖❷污泥之中，蝉蜕于浊秽，以浮游

❶ 谗谄：说他人坏话以巴结奉承别人。

❷ 濯淖（nào）：谓浸渍。

尘埃之外，不获世之滋垢，皭然泥而不滓者也。推
此志也，虽与日月争光可也。

这一大段，全是抒情，后面又叙述了一段楚怀王
入秦不返的事，接着又说道：

屈平既嫉之，虽流放，眷顾楚国，系心怀王，
不忘欲返。冀幸君之一悟，俗之一改也，其存君兴
国，而欲反覆之，一篇之中三致志焉！然终无可奈
何，故不可以反，卒以此见怀王之终不悟也。人君
无愚智贤不肖，莫不欲求忠以自为，举贤以自佐，
然亡国破家相随属；而圣君治国，累世而不见者，
其所谓忠者不忠，而所谓贤者不贤也。怀王以不
知忠臣之分，故内惑于郑袖，外欺于张仪，疏屈平
而信上官大夫令尹子兰，兵挫地削，亡其六郡，身
客死于秦，为天下笑，此不知人之祸也。《易》曰：
"井渫不食，为我心恻，可以汲，王明并受其福。"
王之不明，岂足福哉！

又是一大段抒情的话。而且这种抒情的话，不是
为了屈原而说的，是为了他自己而说的。换一句话说：
就是拿屈原来比他自己，就是用"暗写"的法子，作
他的抒情文。因为司马迁的身世❶和屈原很有相同的
地方，所以司马迁便借他来替自己写照。

❶ 原书中为"生世"。

暗写法之第二例

这一篇是宋人苏洵❶作的《木假山记》❷。它是一篇"感慨人生的遭遇有幸有不幸"的抒情散文。不过，是借木假山发抒出来。处处写木假山，处处是写人生。我们试看他怎样写！

木之生，或蘖而殇❸，或拱❹而夭，幸而至于任为栋梁则伐，不幸而为风之所拔，水之所漂，或破折，或腐，幸而得不破折，不腐，则为人之所材，而有斧斤之患。其最幸者漂沉汩没于湍沙之间❺，不知其几百年，而其激射啮食之余，或仿佛于山者，则为好事者取去，强之以为山，然后可以脱沙泥而远斧斤。而荒江之濆，如此者几何？不为好事者所见，而为樵夫野人所薪者，何可胜数？则其最幸者之中，又有不幸者焉。

予家有三峰，予每思之，则疑其有数存乎其间。且其蘖而不殇，拱而不夭，任为栋梁而不伐，风拔水漂而不破折，不腐，不破折，不腐而不为人之所材，以及于斧斤，出于湍沙之间，而不为野人❻樵夫之所薪，而后得至乎此，则其理似不偶然也。

然予之爱之，则非徒爱其似山，而又有所感焉。非徒爱之，而又有所敬焉。予见中峰，魁岸踞肆❼，意气端重，若有以服❽其旁之二峰。二峰者，庄栗❾刻峭，凛乎不可犯，虽其势服于中峰，而岌然无阿附意❿。吁！其可敬也夫！其可以有所

❶ 苏洵（1009—1066）：北宋文学家，与其子苏轼、苏辙合称"三苏"，均被列入"唐宋八大家"。著有《嘉祐集》二十卷，及《谥法》三卷。

❷ 《木假山记》：苏洵的家中有一木雕的假山，是一件精美的艺术品，《木假山记》就是由此生发感慨而作的。他从木假山联想到树木的遭际，又由此而联想到当时的社会情状。本文是篇绝妙的小品，全文托物寓意，小中见大，反映了封建社会对人才的摧残，赞美一种巍然自立、刚直不阿的精神。

❸ 殇：未成年而死。

❹ 拱（gǒng）：此处指树有两手合围那般粗细。

❺ 汩（gǔ）没：埋没。湍（tuān）：急流。

❻ 野人：村野之人，农民。

❼ 魁岸：强壮高大的样子。踞肆：傲慢放肆。

❽ 服：佩服，这里用为使动，使……佩服。

❾ 庄栗：庄重谨敬。

❿ 岌（jí）然：高耸的样子。阿（ē）附：曲从依附。

感也夫！

这篇文首先借木假山说出人生的遭遇有幸有不幸，而归结到"有数存乎其间"。末尾又写出虽然遭遇不幸，而却有不屈不挠的精神。完全是替自己写照。作者是先见了这座木假山，而后触动这样的情感呢？或是先有了这样的情感，很想发表，而又不愿明说，就凭空造出这座木假山来呢？这个我们不得而知。就说他是偶然看见了这样的一座木假山，而后触动这样的情感，然也必先有这样的情感，然后一见了这座木假山，就会触动；倘然先没有这样的情感，就是看见了这座木假山，也不会触动。一定要先有了火药，然后遇着火，才会爆炸。倘然没有火药，是根本不会爆炸的。所谓"即事寓情"的抒情散文，也是如此。倘然是先有了这种情感，而后凭空造出这座木假山来，那更不用说了。

暗写法之第三例

这一篇是清人龚自珍❶作的《病梅馆记》❷。他是有感于清代科举文，用一机械的格式束缚文人，因而造成病态的文学，因此他便拿"病梅"来抒写这种情感。他和苏洵的《木假山记》一样用"暗写法"。现在

❶ 龚自珍（1792-1841）：清末思想家、文学家。著有《定盦文集》，诗作《己亥杂诗》共315首。

❷《病梅馆记》：作者托梅议政，形象地揭露和抨击了清朝封建统治者束缚人们思想，压抑、摧残人才的罪行，表达了作者要求改革政治，打破严酷的思想统治，追求个性解放的强烈愿望。

我们试看他的记。

> 江宁之龙蟠，苏州之邓尉，杭州之西溪：皆产梅。
>
> 或曰："梅以曲为美，直则无姿；以欹为美，正则无景；以疏为美，密则无态。"固也❶。此文人画士心知其意，未可明诏大号❷以绳天下之梅也。又不可以使天下之民斫❸直，删密，锄正，以夭梅病梅为业以求钱也。梅之欹，之疏，之曲，又非蠢蠢求钱之民能以其智力为也。
>
> 有以文人画士孤癖之隐，明告鬻❹梅者。斫其正，养其旁条；疏其密，夭其稚枝；锄其直，遏其生气；以求重价。而江浙之梅皆病，文人画士之祸之烈，至此哉！
>
> 予购三百盆，皆病者，无一完者。既泣之三日，乃誓疗之，纵之，顺之，毁其盆，悉埋于地。解其棕缚❺，以五年为期，必复之，全之。予本非文人画士，甘受诟厉❻。辟病梅之馆以贮之。
>
> 呜呼！安得使予多暇日，又多闲田，以广贮江宁、杭州、苏州之病梅，穷予生之光阴，以疗梅也哉！

这篇《病梅馆记》，他自己并没有指出是为着有感于科举文的束缚而作的。不过，是凭我们读者的眼光看出来，他是如此。也许另有他人又是一样的看法。本来"象征主义"的文学作品，是可以各人的看法各不相同的。

❶ 固也：本来如此。固：本来。

❷ 明诏大号：公开宣告，大声疾呼。明，公开；诏，告诉，一般指上告下；号，疾呼喊叫。

❸ 斫（zhuó）：砍削。

❹ 鬻（yù）：卖。

❺ 棕缚：棕绳的束缚。

❻ 诟（gòu）厉：讥评，辱骂。厉，病。

暗写法之第四例

我们再看第四个例。这是清人吴汝纶❶作的《矮
梧说》。他也是和《木假山记》《病梅馆记》一样，他
不是在写"梧"，而是借"梧"来替自己写照。

> 曩❷吾伯父手植矮梧一株。垂卅余年，大且十
> 围，高不逾丈。树故在墙以内，而适与墙并。吾父
> 甚爱之，以名吾居。
>
> 后经兵乱，环吾居梧柏十余树为一空，而是
> 梧以势不甚高，又为墙所隐蔽，了然独存。前年吾
> 叔父斧其下枝之输囷者，又纵其下枝之萌叶者，逾
> 年，而是梧且高于墙丈余矣。然以其故矮也，仍名
> 之"矮梧"，而吾居犹曰"矮梧居"。
>
> 夫以是梧之始高不逾墙也，立乎梧以外，不知
> 其十围之大也。今则未至吾居而是梧已显然在人目
> 矣。岂是墙也，前处其晦而后乃自致于显耶！将显
> 晦有时，而是梧适遭其会耶？抑亦屈辱既久，终不
> 能自秘其奇者耶？虽然，梧之为物，固所谓劲直坚
> 贞，贯四时而不改柯易叶者也。方其始之矮也，有
> 使之屈焉者也，而其所为参天而拔地者，固在也。
> 及其后之翘然而高也，又有使之信焉者也，而其所
> 为傲风霜凌冰雪者，亦自在也。显晦屈伸之间，又
> 奚足加损于豪末也哉！

以上所举的后三例都是借物来抒情的暗写法，前
一例是借他人来抒自己的情从此更进一步，于是后来

❶ 吴汝纶（1840-1903）：
晚清文学家、教育家，
著有《文集》《诗集》
《尺牍》《深州风土记》
《东游丛录》等。

❷ 曩（nǎng）：以往，从
前，过去的。

❶《虞初新志》：文言短
篇小说集，清初张潮
编辑，收集明末清初
人的文章，汇为一编，
共20卷。《虞初新志》
所收故事的题材很广
泛，其中的不少篇章
用小品文的笔调，一
般都带有一些奇异的
情节或不寻常的事件
和人物，引人入胜。

❷《西青散记》：清代笔
记，史震林注，因记
录了女词人贺双卿身
世作品，而受到世人
瞩目。

❸史震林（1692—1778）：
清代文人，著有《西
青散记》《华阳散稿》
《游仙诗草》等。

的文人便有造出一个假人来，替他作一篇传，用以发抒自己的情感的。例如，《虞初新志》❶中的《小青传》，就有人疑心小青并没有这个人，只不过是作者凭空造出来的。"小青"两字，就是把一个"情"字拆开来。又如《西青散记》❷中的双卿，也有人说，原没有这个女子，只不过是作者史震林❸造出来的。小青、双卿，是否有这两个人，现在虽然还是一个没有解决的问题，虽然还有许多人在争论、考证。不过，依我的意见，照"暗写法"的老例看起来，多半是作者凭空造出来的。

中国古代的抒情散文，是用"明写"的比较的少，用"暗写"的比较的多。这大概也是中国人的一种特性。不过，这种"暗写法"在古代并没有什么名称，在诗歌中虽然也有一个"比"的名词，在散文中还是没有。现在呢？也无妨称它是"象征"。不过，我在这里是替它定了一个浅近的名词，叫"暗写法"，使它和"明写法"相对待。

这样的暗写法，在近人的白话文中很少看见，除非是"童话"。

童话，当然不是抒情文。不过，它间也偶然有一两篇涵有极丰富，极真挚的情感的，我们也可以把它当抒情文看。譬如陈衡哲女士的《小雨点》一篇，就是一个例。

暗写法之第五例

这个例，就是陈衡哲的《小雨点》的两大段。它的全篇的大意，是说：小雨点在空中被风吹落到地上，经过许多地方，才到了海里。在海里住了一些时候，它又思家了，于是化为气，升在空中。在空中看见一朵青莲花，它很爱这莲花，便又化成雨，滴在莲花瓣上。因为要救莲花的渴，就不惜牺牲自己，让莲花汲❶入液管里去。她写小雨点牺牲自己救人家处，有很丰富、很真挚的情感。现在我们先看它的开头一段：

> 小雨点的家，在一个紫山上面的云里。有一天，他正同着他的哥哥姊姊，在屋子里游玩，忽然外面来了一阵风把他卷到了屋外去。
>
> 小雨点着了急，伸直了喉咙叫道："风伯伯：快点放了我呀！"
>
> 风伯伯一些也不睬，只管吹着他，向地下卷去。小雨点吓得闭了眼睛，连气也不敢出。后来他觉得风伯伯去了，才慢慢地把眼睛睁开，向四围看了一看，只见自己正挂在一个红胸鸟的翅膀上呢！那个红胸鸟此时正扑着他的翅膀，好像要飞上天去

❶ 汲：吸取，汲取。

123

的光景。小雨点不禁拍手叫道：

"好了，好了！他就要把我带回我的家去了。"

谁知道那个红胸鸟把他的翅膀扑得太厉害了，竟把小雨点掀了下来。

小雨点看见自己跌在一个草叶上面，他便爬了起来，两只手掩了眼睛，呜呜咽咽地哭起来了。

……

中间略去了一段，下面就是小雨点从海里升到空中，看见青莲花的话了。

小雨点也很不忍心离开这样慈爱的海公公。不过他要回家的心太厉❶害了，所以只得含着眼泪，辞别了海公公，向天上升去。

说也稀❷奇，此刻小雨点只觉得他的身子，一刻大似一刻。不一会儿❸，他已升得很高。他心里喜欢，说道：

"今晚我一定可以到家了，好不快活啊！"

到了下午，他升到了一个高山的顶上，觉得有些疲倦。他向下一看，只见有一朵小小的青莲花，睡在一堆泥土的旁边。他便对自己说：

"我今天升得也够了，不如休息一刻再说吧❹。"

说了这个，他便向着那青莲花进行。忽然他身子又缩小了起来。他着了慌，再睁眼仔细一看：啊❺呀！他不在那朵花瓣上，又在哪里呢？他此时不觉又哭起来了。

他正哭着，忽听见那青莲花叫着他的名字，说道：

❶ 原书中为"利"。

❷ 原书中为"希"。

❸ 原书中为"不一会"。

❹ 原书中为"罢"。

❺ 原书中为"阿"。

"小雨点，不要哭了，请你快来救救我的命吧。"

小雨点听了很稀奇，不由得止了哭，把那青莲花细细地看了一看。只见她清秀之中显得❶十分干枯苍白，青莲此时又接着说道：

"我差不多要死了，请你救救我的命吧。"

小雨点听了，心里很不忍，便答道：

"极愿，极愿！但是我可不知道，应该怎样地救你。"

青莲花道："听着呵！我为的是欠少了一点水，所以差不多要死。你若愿意救我的命，你须让我把你吸到我的液管里去。"

小雨点吓了一大跳，竟回答不出话来。

青莲花道："小雨点，不要害怕，你将来终究要回家去的，不过现在冒一冒险罢了。你愿意吗？"

小雨点听了，心里安了些。青莲花看了一看，不由得又疼又爱。他想了一想，便壮着胆说道：

"青莲花，我为了你的缘故，现在情愿冒这个险了"。

青莲花十分感激，果真地把小雨点吸到了她的液管里去。不到一会儿，她那干枯苍白的皮肤，忽然变得❷美丽丰满。她在风中颤着，向四处瞧望。忽见有个小女儿，走过她的身旁。她便把她身上的香味，送到那女孩的鼻子里。

那女孩子果真把她折了，戴在她自己的发上。

但是到了晚上，那女孩子忽然又不喜欢这个青

❶ 原书中为"显出"。

❷ 原书中为"了"。

莲花了。她便把她从头发里取了下来，丢在他爹爹的园里。

青莲花知道她这次真要死了。她又想到了温柔的小雨点，心里很痛苦，不由得叫道：

"小雨点，小雨点！"

小雨点本来没有死，不过睡着罢了。此刻听了青莲花的声音，便醒了过来，说道：

"我在什么地方呢？"

青莲花答道："你在我的液管里。"

小雨点听到这里，才慢慢地把往事记了起来。他叹着气说道：

❶ 哪：原书中为"那"。

"青莲花，你自己又在哪❶里？"

青莲花便把她的经历一一地告诉了小雨点。她又说道：

"小雨点，现在我可真的要死了"。

小雨点着了急，说道："青莲花，青莲花！快快地不要死，我愿意再让你把我吸到液管里去。"

青莲花叹了一口气，说道："痴孩子，现在是没有的了。况且你已经在我的液管里，我又怎样能再吸你呢？但是，小雨点，你不必失望，因为我明年春间仍要复活的。你若想念我，应该重来看看我呵！再会了"。

小雨点哭着叫道："青莲花，青莲花！快快不要死呀！"

但是青莲花已经听不见他的话了。小雨点一面哭着，一面看去，好不稀奇：他哪里在什么青莲花的液管里，他不是明明在一个死池旁边的草上吗？

暗写法之第六例

　　这一个例是从杂志中找出来的，是一篇童话。题目叫《一夜的飞行》。下面，是"史惜华女士"五个字，是创作或是改译不可得而知。大意是写一个蚊子，因为不忍吸取❶可怜的人的血而甘心忍饿飞行了一夜，还是空着肚子回来。这篇童话有很好的情感，很能感动人。不过，写的方法略微差一点。

❶ 原书中为"汲取"。

　　小蚊子生长在草丛中的污水里，它的母亲天天说故事给它听。小蚊子伴着母亲很是快乐，它每晚吸新鲜的露珠，觉得十分甘甜；风来吹它，它便绕着碧草很自然地跳舞了；花香薰它，它便飘飘地高歌美妙的新曲了；花之朝，它望着淡蓝的云朵悠然往来，瞧瞧野花的颜色变得更红了；月之夕，它披着幽绿的月光的纱衣，静听青蛙"咯咯"地唱；不耐烦了，它的母亲唱催眠歌安慰它，萤火虫小灯笼似照着它，悄悄地睡着了。

　　一晚，月色很皎洁，小蚊子突然向母亲问："亲爱的母亲，除了露珠以外，我们还有更美味的食料吗？"它的母亲说："哦！还有更好的哩！"又说，"现在该告诉你了！——是人们的血呵！"小蚊子很是欢喜，且决意外出举行初次的尝试。扑扑翅膀，觉得轻盈了不少，它于是要飞行了。它的母亲轻轻对它说了几句话，又告诉它不要认错了路程，早些回家。小蚊子高飞在空中，远远说：

"母亲，你等我回家，再会吧！"

正是黄昏时候，小蚊子轻轻地飞，渐渐离开家乡，它心里十分快活，觉得这次的飞行，实在是意外。飞近了一间楼舍的前面，里面有绿豆般的灯光射出来。它很奇怪，因为这不像月光，不像灯光，更不像萤火虫的可爱的光。它便高兴地飞进去了。

里面很沉静，几乎没有声息。室内的物件都没有亮光，连人也没有。最后它飞到一架木床的旁边，听得一些呼吸，它暗想食料来了，仔细一看，是一个小孩子，它看这个孩子的情状，很有些异样：身体瘦小不堪，面庞有了灰的颜色，无力的眼珠还是苦睁着。它明白这是他正在害病，似乎很厉害。过了一刻，小孩子呼他的母亲，然而许久许久没有一个人答应他，他仍是懊丧地躺在床上，好像连移动也不可能。小蚊子想："这时候无论如何不能吸他的血了！"它不禁感到一种从未想像的悲哀，没命地飞出去了。

当它飞在一所矮屋的外面，听到一种叮叮的响声，它便飞进去了。里面光线很暗淡，有一个年轻[1]的人，低着头在那里工作。他正在补皮鞋，有几双皮鞋已经补好，还有许多没有补好的破皮鞋，错乱地堆积在一旁。他裸着上身，连背上的青筋也暴现了出来，面上露着异常苦闷的颜色，仍旧急忙赶这费力的工作。它想："假如我吸了他的血，他不是为了肿痒血耽误了工作的时间？……"它明白这实在使不得，于是又飞出窗外了。

夜是十分的幽默，小蚊子飞过几处黑暗的地

[1] 原书中为"年青"。

方，阴森可怕，枝叶摇荡的声浪，蟋蟀的鸣音，夹在一起，它也有些不耐烦了。又过了一会儿，小蚊子飞入一间光线极不充足的屋子里。它看见一个老妇人靠在一张半旧的桌子上睡觉，桌上放着几件衣服、针线和一盏似要暗灭的油灯，其中有一件衣服只缝了大部分。老妇人的脸上满呈着劳苦的皱纹，疲倦的轮廓，鼻孔中冲出一种伤风的气息；老眼紧闭着，眼腔内肌肉已瘦尽，突起骨头。它想："我不能吸她的血。假如这样，她一定猛然惊醒了。唉！不行！"它决意飞出去了。叹息种种不幸的经历。

这时，小蚊子实在有些饥饿，简直是恐慌了。飞行了许久，更觉得非常疲倦。天色渐渐有些明亮起来，冷风吹得更紧。又飞了一阵，便停在溪水旁边的柳树上，预备休息。渐是红日初升的时候。

小蚊子低头向下望时，不觉吃了一惊，原来一个十一二岁的女孩，正坐在溪旁的岩石上，一双盛米的淘箩❶，已浮在溪水的中央，女孩只是呆望，伸手也拉不过来，后来这淘箩竟沉在溪底了。她于是落下泪来，几次想下水去拾。小蚊子见泪点从她的眼眶中流出，落在衣襟上，或滴在溪水中，它自己也一阵酸楚，不觉面颊也流着泪珠。它已饥饿到极点，疲倦到极点，悲伤到极点，鼓动气力，癫狂地飞回家乡了！

它的母亲正候儿子归家，遥见小蚊子飞来，很是欢喜，大声呼道："儿啊！你疲劳了，我们跳舞吧！"小蚊子哀鸣说："我亲爱的母亲呵！我不忍

❶ 淘箩：淘米的用具。

① 《稻草人》：中国第一本为儿童而写的童话集，于 1923 年出版。作者叶圣陶也是中国现代童话创作的拓荒者。鲁迅说，叶圣陶的"《稻草人》是给中国的童话开了一条自己创作的路的"。

② 《爱罗先珂童话集》：1922 年 7 月上海商务印书馆出版，列为《文学研究会丛书》之一。其中鲁迅翻译者九篇，除《古怪的猫》一篇未见在报刊上发表外，其他各篇在收入单行本前都曾分别发表于《新青年》月刊、《妇女杂志》《东方杂志》《小说月报》及《晨报副刊》。爱罗先珂（1889-1952），俄国诗人、童话作家。主要作品有童话剧《桃色的云》和童话集、回忆录等。

尝那些人血的美味哩！"小蚊子飞近它母亲面前突然敛了双翼，倒在草丛里了！

此外，在创作的童话中，据我所见，《稻草人》❶一书中的《画眉鸟》《稻草人》等篇，含着极悲哀的情感，也可当它是抒情散文看。在翻译的童话中，据我所知，在《爱罗先珂童话集》❷中，《古怪的猫》是一篇充满了悲哀情感的散文。

第四章 率直写法

率直的说明

"率"是"粗率""草率"的意思。是随口说出，随手写出，而不加修饰的意思。"直"是一直说出来，而不弯曲的意思。在中国旧的抒情文里，用率直写法的很少，只有在带教训口吻的书信中可找出几篇来。

清人魏禧说："古文之妙，只在说而不说，说而又说；是以极吞吐，往复，参差，离合之致。"从这几句话，可以看出中国文人是喜欢婉转而不喜欢率直的。魏禧的意见，就是有一种痛快驰骤的文，也必须加以

★ "直"是一直说出来，而不弯曲的意思。

抑扬顿挫，而不主张率直。他说："文之感慨痛快驰骤者，必须往而复还。往而不还，则势直，气泄，语尽，味止。往而还，则生顾盼。此呜咽顿挫所从出也。"往而还，就是曲；往而不还，就是直了。

苏东坡的文，如长江大河，一泻千里，是比较的率直。然而它也自然而然地有结构。朱熹说："东坡虽是一往滚将去，他里面自有法度。今人不理会他里面的法度，只管学他滚将做去，故无结构。"这可见在古文中率直的抒情文，实在是不多见了。现在还是从教训的书信中举出几个例来。

率直的写法之一例

这个例是陶渊明写给他的五个儿子的信❶。我们看他是怎样的率直地写出来，然而愈率直，而愈真挚。率直的写法的好处就是这一点。

告俨、俟、份、佚、佟：

天地赋命，生必有死。自古圣贤，谁独能免。子夏有言："生死有命，富贵在天。"四友之人，亲受音旨。发斯谈者，将非穷达不可外求，寿夭永无外请故耶？

吾年过五十。少而穷苦，每以家弊，东西游

❶ 即《与子俨等疏》，出自《陶渊明集》，是陶渊明大约五十出头时，因经历一场病患，在"自恐大分将有限"的心情下，写给五个儿子的一封家信。俨，和正文第一句中的"俟、份、佚、佟"都是陶渊明的儿子。

走，性刚才拙，与物多忤。自量为己，必贻俗患，
僶俛辞世，使汝等幼而饥寒。余尝感仲孺贤妻之
言，"败絮自拥，何惭儿子！"此既一事矣。但恨
邻靡二仲，室无莱妇，抱兹苦心，良独内愧。

少学琴书，偶爱闲静，开卷有得，便欣然忘
食。见树木交荫，时鸟变声，亦复欣然有喜。常言
五六月中，北窗下卧，遇凉风暂至，自谓是羲皇上
人。意浅识罕，谓斯言可保。日月遂往，机巧好
疏，缅求在昔，眇然如何！

病患以来，渐就衰损。亲旧不遗，每以药石见
救，自恐大分将有限也。汝等稚小，家贫无役；柴
水之劳，何时可免？念之在心，若何可言！

然汝等虽不同生，当思四海皆兄弟之义。鲍
叔、管仲，分财无猜；归生、伍举，班荆道旧，遂
能以败为成，因丧立功。他人尚尔，况同父之人
哉！颍川韩元长，汉末名士，身处卿佐，八十而
终；兄弟同居，至于没齿。济北范稚春，晋时操行
人也，七世同财，家人无怨色。《诗》曰："高山仰
止，景行行止；虽不能至，尔心尚之。汝其慎哉！
吾复何言！"

　　我们试看他老人家在教训儿子，语语是真情至性
的流露，满纸上堆着温和慈爱的情感。和冷酷的机械
的教训不同，他的态度虽很和缓，而口吻却又极率直。
这要算率直写法中最好的作品了。

率直的写法之第二例

这是魏禧写给他弟弟的一封信❶。虽然是教训的口吻，然也是本于真情至性的文字。倘然不是如此，那就不能称为抒情文了。不过他的态度比陶渊明要严整一点，而率直的程度也不及陶渊明。我们看他是怎样地写：

> 辛卯月日，客霁二旬，每念吾弟介然不苟，颇以远大相期，圣人所谓刚、毅、木、讷，庶几近之。但刚为美德，吾弟却于此成一"疏"字，生一"褊"字，又渐流一"傲"字。往时我之督弟甚严。近五六年，见弟立志，操行，颇成片段，每欲长养吾弟一段勃然挺然之气，不忍过为折抑；又我每有优柔姑息之病，吾弟常能直言正色，匡我不逮，隐若畏友，凡细故偶失，多为姑容，使弟不生疑忌，矢直无讳。坐此两者，故今之督弟甚宽。然我此等即是姑息，欲归为弟畅言，弟且行矣。

> 弟与人执事，亦颇竭忠，每乏周详之虑，临事时患难险阻，都所不避，而不能为先事之计，间或以为吾大节无损，诸细行杂务，不留心，无大害，然因此失事误人，因以失己者多有之。此则所谓疏也。

> 疾恶如仇，辄形辞色，亲友有过，谏而不听，遂薄其人，人轻己者，拂然❷去之；行有纤毫不遂其志，则抑郁愤闷，不能终朝，此诚褊衷，不可

134

不化。

其人庸流也，则以庸流轻之；其人下流也，则以下流绝之。岸然之气，不肯稍为人屈，遂因而不屑一世，凌轹侪辈。长此不惩，矜己傲物，驯致大弊。

夫疏则败事，愊则邻于刻薄，傲则绝物而终为物绝。三者皆刚德之害，然皆自刚出之，倘能增美，去害，则于古今人中，要当自造一诣矣。

子夏问孝，子曰："色难。"先儒以为有深爱者必有和气，有和气者必有愉色，有愉色者必有婉容。吾弟之事父兄，动多恭谨，然婉容、愉色，抑何少也！岂其无深爱耶？盖无学问以化其刚，岸然之气，欲下之而不能下也。弟行勉之矣！

我们将他和陶渊明的信一比，就可以见得两人的个性不同处。虽然同是用率直的写法，照理，写给儿子的信，比写给弟弟的信，态度更要严整；但是，在事实上适得其反。我想这全是作者个性的关系。

★ 用率直的写法，写男女间热烈的情感，或朋友间热烈的情感，在中国古代的抒情散文里是没有的，尤其是在男女间。

用率直的写法，写男女间热烈的情感，或朋友间热烈的情感，在中国古代的抒情散文里是没有的，尤其是在男女间。因为女性的作者，天性只会用婉转的写法，而男性的作者，对于女性，也都喜欢用婉转的写法，以博得她们的同情。所以用率直的写法写男女间热烈的情感的散文，在中国的古文中是没有的。便说有，也是少到极点。在现代的白话文里，便可以找得出了。

率直的写法之第三例

这是从《少女书简》❶中选出来的。是一个女子写给她的爱人谢宣逸的信中间一段。不过,《少女书简》的全体,是作者假托一个女子所写的信,所谓这个女子,未必真有其人。但是,我们看她这一段是写得怎样的率直而热烈!

> 昨晚在婉秋家吃饭,谈了许多关于你的事体。她说:"宣逸可算得富于感情而志气勇毅的青年人,只是太老实了,呵,太老实了。"她又说:"他差不多三个多月没上我们这门,我们也只有这样推诚待他,他老是同我们疏远。这人真好,情愿自己放下身份来做苦工,毫不向旁人乞贷分文,供养老母,还要供给妹子念书。当年尝相过从的人家,现在他都不去往还了。连我们这里,要坚毅请他,才来"。他有两句妙语:'踏进富人门槛,少有不被认为乞贷而来的,乞贷多么可耻!主人的疑虑,直等你退出大门才得开释……'呵!亲爱的宣逸,她对于你这般赞美,真喜得我心花怒放❷。天下事,哪一件比所爱的人受人称誉还可喜呢?昨晚我多吃一碗饭,平素少有这样。"

❶《少女书简》:徐志摩主编,夏忠道著,中华书局于 1932 年出版。

❷ 心花怒放:形容内心高兴极了。

率直的写法之第四例

　　这个例也是从《少女书简》中选出来的，是一封完全的短信。题目是《致萧娴丽小姐》。赞美一个同性的朋友，也很率直而热烈，不过，比前一例已差一点。

　　　多年不见，你出落得这样漂亮，飘飘然的仙女呦！我赞美你，我赞美你！听说你将有远行，我们都希望你来谈聚几天，谢谢你的二嫂帮我们许多忙。我同来的两位好朋友，你见着，一定喜欢。

率直的写法之第五例

　　这个例是从《寄小读者》❶中选出来的。这是作者在医院中写的一封长信：这是中间的一小段。虽然是和前两例一样的率直而热烈，但是所抒的情是不同的。这里所抒的情，是全体人类间的"爱"和"同情"。

　　　第四是"爱"与"同情"。我要以最庄肃的态度来叙述此段。同情和爱，在疾病忧苦之中，原来是这般的重大而慰情！我从来以为同情是应得的，爱是必得的，便有一种轻藐与忽视。然而此应得与必得，只限于家人骨肉之间，因为家人骨肉之爱，是无条件的，换一句话说，是以血统为条件的。至于朋友同学之间，同情是难得的，爱是不可必得的，幸而得到，那是施者自己人格之伟大！此次久

❶ 出自《寄小读者·通讯十九》。

病客居，我的友人的馈送慰问，风雪中殷勤的来访，显然的看出不是敷衍，不是勉强。至于泛泛一面的老夫人们，手抱着花束，和我谈到病情，谈到离家万里，我还无言，她已坠泪。这是人类之所以为人类，世界之所以成世界啊！我一病何足惜？病中看到人所施于我，病后我知何以施于人，一病换得了"施于人"之道，我一病真何足惜！

"同病相怜"这一句话何等真切？院中女伴的互相怜惜、互相爱护的光景，都使人有无限之赞叹！一个女孩子体温之增高，或其他病情上之变化，都能使全院女伴起了吁嗟。病榻旁默默地握手，慰言已尽，而哀怜的眼里，盈盈地含着同情悲悯的泪光！来从四海，有何亲眷？只一缕病中爱人爱己、知人知己之哀情，将这些异国异族的女孩儿亲密地联在一起。谁道爱和同情在生命中是可轻藐的呢？

率直的写法之第六例

这个例是从《看月楼书信》[1]中选出来的。是一个女子看护她的丈夫，在海滨的医院里养病时，写给她母亲的信。大约她的丈夫因为在病中，性情烦躁，不免冤枉她，她这封信是向母亲诉苦的，写得很率直。前面写着受冤屈的话，后面接着写道：

[1] 《看月楼书信》：章衣萍、吴曙天合著，开明出版社（1931）。

　　母亲！他总冤枉我，我若不为他，我现在不是
好端端地在母亲身边吗？冬天睡在母亲的温暖的被
窝里，有母亲抱着我；像这样的夏天，凉爽的番席
早预备给我了，帐里飞进个蚊子来，母亲，你又急
得点上洋蜡来捕捉它，恐怕把你女儿的血为它吮走
了。看见蚊子正叮在我手臂上时，你嘴里不住地咒
它，又不敢惊动我的睡眠，只有赶它停到帐上，然
后去打死它。母亲，你太顾恤❶我了，我反而离
开你来顾恤着他，又常常碰他的钉子，道真是何苦
来呢？

　　在他恨我的时候，他常说："你回家吧，你回
家吧。"我不知为了什么竟忍不下心来离开他，母
亲啊，我自己都不知道自己的心，究竟是怎样的？
就仿佛现在政治上的骑墙派，心在这面，又在那
面，不知到那面去才好？

　　母亲，我写了这堆废话，你看了也许要伤心
吧，不再写下去了。祝母亲平安！

❶ 顾恤：照顾体贴。

第五章　婉转的写法

婉转的说明

"婉"是"柔婉"的意思。"转"是"转折"的意思。婉转的写法和率直的写法，是相反的。我们知道怎样是率直的写法，从反面，也就可以知道怎样是婉转的写法。

中国的抒情散文的作者，多喜欢婉转的写法，而不喜欢用率直的写法，在前一章已经说起了。这里再有一个笑话，就是袁枚❶曾经说："天上只有文曲星，而没有文直星。"这确是一句笑话，在他自己也是当一

❶ 袁枚（1716—1798）：清代诗人、散文家。他是乾嘉时期代表诗人之一，与赵翼、蒋士铨合称"乾隆三大家"。著有《小仓山房集》《随园诗话》等。

句笑话说。不过，从这一句笑话里，我们可以看出一般作者的心理是怎样。

婉转的写法之第一例

这是清初人施闰章作的《马季房诗序》的开场一段。看他是怎样的婉转：

> 呜呼！世之善诗而不传者众矣！布衣苦吟，不得志而死，身名俱殁，尤可憨焉！然名公巨卿，著书满床，旋踵❶消灭，或反不如布衣之声施者，盖不可胜数也。

照理，善诗是应该传的。而今善诗而不传的很多，是一曲。布衣苦吟，不得志而死，身名俱殁，尤为可憨，是二曲。然名公巨卿，著书满床，旋踵消灭，而布衣中的诗人，或反有流传的，声名反超过名公巨卿，是三曲。这一段短文，一共不过六十个字上下，而一共有三曲，可见他婉转的程度了。他这样的迂徐、曲折、抑扬、唱叹，使人读了，自然而然地有音节。这是中国古代作抒情散文者的"拿手戏"。

❶ 旋踵：掉转脚跟，比喻时间极短。

婉转的写法之第二例

这是王守仁①的《瘗旅文》②。首先叙述瘗旅的情形说：

> 维正德四年，秋月三日，有吏目云自京来者，不知其名氏，携一子一仆，将之任，过龙场，投宿土苗家。予从篱落③间望见之，阴雨昏黑，欲就问讯北来事，不果。明早，遣人觇④之，已行矣。薄午，有人自蜈蚣坡来云："老人死坡下，傍两人哭之哀。"予曰："此必吏目死矣，伤哉！"薄莫，复有人来云："坡下死者二人，傍一人坐叹。"询其状，则其子又死矣。明日，复有人来云："见坡下积尸三焉。"则其仆又死矣！呜呼伤哉！

> 念其暴骨无主，将二童子，持畚锸往瘗之。二童子有难色然。予曰："嘻！吾与尔犹彼也。"二童悯然涕下，请往，就其傍山麓为三坎，埋之。又以只鸡，饭三盂，嗟吁涕洟⑤而告之。

以下便发抒他的情感，说道：

> 呜呼！伤哉！繄⑥何人？繄何人？吾龙场驿丞余姚王守仁也。吾与尔皆中土之产，吾不知尔郡邑，尔何为乎⑦来为兹山之鬼乎？古者重去其乡，游宦不逾千里。吾以窜逐⑧而来此，宜也。尔亦何辜乎？闻尔官吏目耳，俸不能五斗，尔率妻子躬耕可有也。乌为乎以五斗而易尔七尺之躯，又不足而益以尔子与仆乎？呜呼伤哉！尔诚恋兹五斗而来，

---

① 王守仁（1472-1529）：明代最著名的思想家、文学家、哲学家和军事家，陆王心学之集大成者，非但精通儒家、佛家、道家，而且能够统军征战，是中国历史上罕见的全能大儒。

② 《瘗旅文》：选自《王文成公全书》卷二十五，作于1509年（正德四年）。瘗（yì）就是埋葬。此文是作者埋葬三个客死在外的异乡人以后所作的一篇哀祭文。

③ 篱落：篱笆。

④ 觇（chān）：窥视。

⑤ 涕洟：目出为涕，鼻出为洟，即指眼泪鼻涕。这里谓哭泣。

⑥ 繄（yī）：发语词，表语气。

⑦ 何为乎：为什么？

⑧ 窜逐：放逐，这里谓贬斥。

则宜欣然就道；乌为乎吾昨望见尔容戚然❶盖不任
其忧者？夫冲冒雾露，扳援崖壁，行万峰之顶，饥
渴劳顿，筋骨疲惫，而又瘴疠侵其外，忧郁攻其
中，其能以无死乎？吾固知尔之必死，然不谓若是
其速，又不谓尔子尔仆亦遽然奄忽❷也！皆尔自
取，谓之何哉？

　　吾念尔三骨之无依，而来瘗尔，乃使我有无穷
之怆也。呜呼伤哉！纵不尔瘗，幽崖之狐成群，阴
壑之虺❸如车轮，亦必能葬尔于腹，不致久暴露
尔。尔既已无知，然吾何能为心乎？自吾去父母乡
国，而来此三年矣，历瘴毒❹而苟能自全，以吾未
尝一日之戚戚也。今悲伤若此，是吾为尔者重，而
自为者轻也。吾不宜复为尔悲矣。

　　以下再有两个歌，今皆略去。我们看这一段文，
是怎样的婉转！中土之产，何为乎来为兹山之鬼？一
曲。我是被贬谪而来的，你有何辜而亦来此？二曲。
你不过为五斗米之禄而来，然此区区五斗米，你在中
土耕田，也可得到，何必来此求之，因而丧你身？是
三曲。死了你一人不够，还要死了你的子和仆，四
曲。既为五斗米而来，则宜欣然就道，为何昨日见你
有戚然之容？是五曲。吾知你必死，然不料你死如是
之速，是六曲。又不料子与仆亦同死，是七曲。然只
怪你不应该到这里来，是八曲。以上一段，不到三百
字，共有八曲。吾既瘗你，因使吾有无穷之怆，因他

❶ 戚然：皱眉忧愁的样子。

❷ 奄忽：疾速，这里喻死亡。

❸ 虺（huǐ）：毒蛇，俗称土虺蛇，大者长八九尺。

❹ 瘴毒：瘴气毒雾。

143

人而想到自己，是全篇主要处。以下吾纵不瘗你，你亦必葬身在野兽腹中，又是一曲。你既无知，然我何忍！是二曲。吾来此二年而不死，因未尝戚戚之故，今为你而戚戚，是三曲。不复为你悲，是四曲。以上一段，又有四曲。这样的弯弯曲曲的写，可为尽婉转之能事。

这篇抒情文，做得格外的婉转，也有个特别的原因。因为作者自己被贬谪到万里蛮荒外，自然禁不住有去国怀乡之感，说遇着这样的一件事情，更是感极而悲，禁不住要发抒出来。然而生在这个时代，处在这种情形之下，说话稍不谨慎，便要触犯那当权的小人。所以不能直说，不敢直说，必须曲曲折折，转了几个弯，才说出来。结果，还是转到达观。我们应该知道，这样的婉转地写，和作者的时代与环境，有密切的关系。所以，我们自己作文，也有我们自己的时代、环境等等，决不能不管一切而故意地学婉转。

婉转的写法之第三例

这是清人袁枚《祭妹文》❶的中间一段。他的妹子嫁的人不好，不得已而回到母家，郁郁而死，袁枚作

❶《祭妹文》：清代文学家袁枚的一篇散文，是中国古代文学史上哀祭散文的珍品，表现了兄妹之间深挚的情感。作者的痛伤不单单是因为对胞妹的挚爱，还饱含着对她的同情和怜悯，对邪恶不公的愤懑，对自己未尽职责的无限悔恨。这使得文章包孕了丰富的思想内容，增强了震撼读者心灵的力量。

这篇祭文祭她，中间有一段道：

> 汝之疾也，予信医言无害，远吊❶扬州。汝又虑戚吾心，阻人走报。❷及至绵惙❸已极，阿奶问："望兄归否？"强❹应曰"诺！"予已先一日梦汝来诀，心知不祥，飞舟渡江。果予以未时还家，❺而汝以辰时❻气绝。四肢犹温，一目未瞑，盖犹忍死待予也。呜呼！痛哉！早知诀汝，则吾岂肯远游，即游，亦尚有几许心中言，要汝知闻❼，共汝筹划也。而今已矣！

这一段写得极悲痛。"早知诀汝"以下，也很婉转。下面接着写道：

> 除吾死外，当无见期。吾又不知何日死，可以见汝，而汝死后之有知无知，与得见不得见，又卒难明❽也！然则抱此无涯之憾，天乎！天乎！而竟已乎！

这里，除吾死外，当无见期。是一曲。吾又不知何日死，可以见汝。二曲。死后或有知，或无知，卒不能明。是三曲。即使有知，而得见与不得见，亦卒难明。是四曲。然则抱此无涯之憾。是五曲。

这篇抒情文，除了婉转的地方以外，再有一段追忆幼年时事，也写得极好。今一并把它摘录在这里：

> 予幼从先生授经❾，汝差肩而坐❿。……予捉蟋蟀，汝奋臂出其间⓫。岁寒，虫僵，同临其穴。

❶ 吊：凭吊，游览。

❷ 戚：忧愁。走：跑。

❸ 绵惙（chuò）：病势危险。

❹ 强（qiǎng）：勉强。

❺ 果：果真。未时：相当下午一至三时。

❻ 辰时：相当于上午七时至九时。

❼ 知闻：听取，知道。

❽ 又卒难明：最终又难以明白。卒，终于。

❾ 授经：这里同"受经"，指读儒家的"四书五经"。

❿ 差（cī）肩而坐：谓兄妹并肩坐在一起。

⓫ 出其间：出现在捉蟋蟀的地方。

❶ 殓（liàn）：装殓，给尸体穿衣下棺。憬（jǐng）：醒悟。

❷ 憩（qì）：休息。单缣（jiān）：古时一种薄的丝织品。

❸ 适：刚好。夅（zhà）户：开门。

❹ 望日：阴历每月十五，日月相对，月亮圆满，所以称为"望日"。

❺ 九原：春秋时晋国卿大夫的墓地。

❻ 凡此琐琐：所有这些细小琐碎的事。

❼ 填膺（yīng）：充满胸怀。

❽ 历历：清晰得一一可数的样子。

❾ 婴婗（yī ní）：婴儿。这里引申为儿时。

❿ 罗缕记存：排成一条一条，记录下来保存着。

⓫ 暴戾恣睢：形容凶残横暴，想怎么干就怎么干。

今予殓汝，葬汝，而当日之情形憬然赴目。❶予九岁，憩书斋，汝梳双髻，披单缣，来温《缁衣》一章。❷适先生夅户入，闻两童子音琅琅然，不觉莞尔，连呼"则则！"❸此七月望日❹事也。汝在九原❺，当分明记之。……凡此琐琐❻，虽为陈迹；然我一日不死，则一日不能忘。旧事填膺❼，思之凄梗！如影历历❽，逼取便逝。悔当时不将婴婗❾情状，罗缕记存❿，然而汝已不在人间，则虽年光倒流，儿时可再，而亦无与为印证者矣。

婉转的写法之第四例

这个例，就是最著名的抒情散文《伯夷列传》中的一段。司马迁于叙述武王伐纣，伯夷、叔齐叩马而谏，不听，隐于首阳山，采薇而食，饿死。于其下文便云：

由此观之，怨邪？非邪？或曰："天道无亲，常与善人。"若伯夷、叔齐，可谓善人者非邪？积仁洁行如此，而饿死！且七十子之徒，仲尼独荐颜渊好学；然回也屡空，糟糠不厌，而卒蚤夭，天之报施善人其何如哉！盗跖日杀不辜，肝人之肉，暴戾恣睢⓫，聚党数千人，横行天下，竟以寿终。是遵何德哉！此其尤大彰明较著者也。若至近世，操行不轨，事犯忌讳，而终身逸乐富厚，累世不绝；或择地而蹈之，时然后出言，行不由径，非公正不发愤，而遇祸灾者，不可胜数也！余甚惑焉。倘

所谓天道，是邪？非邪？子曰："道不同，不相为
谋。"亦各从其志也。故曰："富贵如可求，虽执鞭
之士，吾亦为之；如不可求，从吾所好。""岁寒，
然后知松柏之后凋。"举世混浊，清士乃见，岂以
其重若彼，其轻若此哉！君子疾没世而名不称焉。
贾子曰："贪夫徇财，烈士徇名，夸者死权，众庶
冯生。""同明相照，同类相求，云从龙，风从虎，
圣人作而万物睹。"伯夷、叔齐虽贤，得夫子而名益
彰；颜渊虽笃学，附骥尾而行益显。岩穴之士，趋
舍有时，若此类名湮灭而不称。悲夫！闾巷之人，
欲砥行立名者，非附青云之士，恶能施于后世哉！

　　这一大段，是怎样的婉转？读者读了，就可以知
道，不必再要逐句指明。总之是司马迁满肚的牢骚却
又不能爽爽快快地发抒出来，只借着伯夷、叔齐的事，
婉而又婉，转而又转地说许多"怨耶非耶"的话罢了。

婉转的写法之第五例

　　前面所举的各例，都是全篇中的一段。现在再录
两篇简短的全文如下。不过，恕不加说明了。第一篇，
就是欧阳修的《释惟俨文集序》。其文云：

　　惟俨姓魏氏，杭州人。少游京师，三十余年。
虽学于佛而通儒术，喜为辞章，与吾亡友曼卿交最
善。曼卿遇人无所择，必皆尽其忻欢❶，惟俨非贤

❶ 忻欢：欢乐。

❶《吴山图记》：明代归有光的一篇记叙文。《吴山图》是作者的朋友魏用晦离任吴县县令时，当地百姓送给他的一幅山水画。本文即以这幅画为线索，先寥寥数笔概写吴县的风物名胜和湖光山色，然后自然而然地写出魏用晦在担任县令时与当地百姓结下的难以忘怀的深厚感情，并以北宋苏轼和韩琦的故事，揭示出"然后知贤者于其所至，不独使其人之不忍忘而己，亦不能自忘于其人也"，以此来称颂魏用晦对吴县的缱绻深情。作者不刻意雕饰文字而写得清新淡雅，着眼吴县山水画而寓意于山水画外，构思颇为新巧。

士不交，有不可其意，无贵贱，一切闭拒绝去不少顾。曼卿之兼爱，惟俨之介，所趋虽异，而交合无所间。

曼卿尝曰："君子泛爱而亲仁。"惟俨曰："不然。吾所以不交妄人，故能得天下士，若贤、不肖混，则贤者安肯顾我哉！"以此一时贤士，多从其游。

居相国浮图，不出其户十五年。士尝游其室者，礼之惟恐不至。及去为公卿贵人，未始一往干之。然尝窃怪平生所交皆当世贤杰，未见卓著功业如古人可记者，因谓世所称贤才，若不答兵走万里，立功海外，则当佐天子号令赏罚于明堂，苟皆不用，则绝宠辱，遗世俗，自高而不屈，尚安能酣豢于富贵而无为哉？醉则以此诮其坐人。人亦复之，以谓遗世自守，古人之所易，若奋身逢时，欲必就功业，此虽圣贤难之，周、孔所以穷达异也。今子老于浮图，不见用于世，而幸不践穷亨之途，乃以古事之已然，而责今人之必然邪！然惟俨虽傲乎退偃于一室，天下之务，当世之利病，与其言，终日不厌，惜其将老也已！

曼卿死，惟俨亦买地京师之东，以谋其终。乃敛平生所为文数百篇示予，曰："曼卿之死，既已表其墓，愿为我序其文。然及我之见也。"

嗟夫！惟俨既不用于世，其材莫见于时。若考其笔墨驰骋文章赡逸之能，可以见其志矣！

第二篇，是归有光的《吴山图记》❶。其文云：

吴、长洲二县，在郡治所分境而治，而郡西诸山，皆在吴县。其最高者：穹窿、阳山、邓尉、西脊、铜井。而灵岩，吴之故宫在焉，尚有西子之遗迹。若虎丘、剑池及天平、尚方、支硎，皆胜地也。而太湖汪洋三万六千顷，七十二峰，沉浸其间，则海内之奇观矣。

余同年友魏君用晦，为吴县，未及三年，以高第召入，为给事中。君之为县，有惠爱，百姓扳留之不能得，而君亦不忍于其民，由是好事者绘《吴山图》以为赠。

夫令之于民诚重矣：令诚贤也，其地之山川草木，亦被其泽而有荣也；令诚不贤也，其地之山川草木，亦被其殃而有辱也。君于吴之山川，盖增重矣。异时吾民将择胜于岩峦之间，尸祝于浮屠、老子之宫也，固宜；而君则亦既去矣，何复惓惓于此山哉！

昔苏子瞻称韩魏公去黄州四十余年，而思之不忘，至以为《思黄州》诗，子瞻为黄人刻之于石。然后知贤者于其所至，不独使其人之不忍忘而已，亦不能自忘于其人也。

君今去县已三年矣。一日，与余同在内庭，出示此图，展玩太息，因命余记之。噫！君之于吾吴有情如此，如之何而使吾民能忘之也！

婉转的写法之第六例

这个例，是现代的白话文，是从《寄小读者》中选出来的。它是在病后写的一封信中间的一段。虽然寥寥的不多几句，却是写得很婉转。

> 小朋友！一病算得什么？便值得这样的惊心？我常常这般的问着自己，然而我的多年不见的朋友，都说我改了，虽说不出不同处在哪里，而病前病后却是迥若两人。假如这是真的呢？是幸还是不幸，似乎还值得低徊罢！❶

❶ 出自《寄小读者·通讯二十七》。

"一病算得什么！……""然而……""虽说不出……""而病前病后……""假如……""是幸……是不幸……"前面差不多是一笔一转。到"假如……"以下，是假定如此了，而"幸与不幸"还是一个不能解决的问题，只好永远地低徊。

婉转的写法之第七例

这个例也是现代的白话文，是从陈学昭❷女士的《寸草心》中选出来的，题目叫《闲行》。这里是开头的一段：

❷ 陈学昭（1906-1991）：现代作家。著有长篇小说《工作着是美丽的》《春茶》，散文《倦旅》《忆巴黎》，报告文学《延安访问记》等。

> 客里的时光，真不知道如何过去才好。回过

头去看一看，时光迅速，空负了三秋，觉得有点戒心，又有点悔意。但如我这样一个庸人，已是不幸而做了"人"了，自然也毋须乎梦想超然物外。即使那些超人，也逃不出时间的捉弄，但能够与人与事少争逆，便是很难能的了。然而我是不足以教训的，对于过去的时光要这样想，对于现在却又要觉得空寂无聊，似乎在踌躇❶之中，是希望它快些过去。可是我希望它快些过去，并不是未来有如何样的希求，真的，写到这里又无话可说，所谓"不如意事常八九，可与人言无二三"。恕我又想搁笔了。

"但如……""即使……""然而……""可是……"，多用这一类的笔法，便是婉转的写法。

❶ 踌躇：犹豫不决地踱来踱去。

151

第六章　抒情散文与音节

概说

★ 作诗要讲音节，作文
是不要讲音节的；作
韵文要讲音节，作散
文是不要讲音节的。

　　作诗要讲音节，作文是不要讲音节的；作韵文要讲音节，作散文是不要讲音节的。这是普通的说法。但是，我以为作记实文，作说明文等，都不要讲音节，而独有抒情散文要讲音节。这个理由也很简单，就是，因为抒情散文和诗歌有相同之点，所以要讲音节。这种音节，并不是有意要讲的，是跟着情感的流露，自然而然产生的。

一般意见

古代散文作者，大抵多主张讲音节。而以清人刘大櫆为尤甚，他在他的《论文偶记》中，屡次说起音节，他把音节看得极重要。我们在下面也有引他的话，读者可以参看。近人以现代眼光评论散文者，有唐钺❶，也说中国古代的散文是有音节，而且读者必须读出音节来。他在他的《国故新探》里，有一篇专论这件事。原文太长，不便多引，读者如要参看时，可以随便参看。

我的意见：音节既然是根于情感的流露，自然而产生的，那么，抒情文当然有音节。古文固然有音节，今日的白话文也有音节。因为白话文就是说话。表情的话，声音不得不有高低轻重的分别，这就自然而然地成为音节了。

音节与用字

音节的长短、高低，本来是根于情感；而写在纸上，要拿字做符号写出来。所以音节的长短、高下，就是所用的字的声音的长短、高下。这一层，元

❶ 唐 钺（1891-1987）：中国现代实验心理学家、心理学史家。

❶ 陈绎曾：生卒年不详，处州（今浙江丽水）人。官至国子助叙。元至正三年，任国史院编修，分撰《辽史》。

❷ 蒋湘南（1795-1854）：清代文人，著有《鄂尔多乐府》《陕西通志》等。

❸《论文偶记》：刘大櫆阐述其文学思想的专著，是在方苞"义法论"的基础上，进一步探求散文的艺术问题。

代人陈绎曾❶说得最好。他在他的《文说》里，有这样的几句道："凡下字，有顺文之声而下之者：若音当扬，则下响字；若音当抑，则下喑字。"按"喑"字和"咽"字差不多的意思，就是不响的字。至于抒怎样的情，应当用响字？抒怎样的情，应当用喑字？这不是十分机械的事，是要读者在读文时随时自己领会。我在这里无法可以写出一个固定的规律来。

又清人蒋湘南❷《与友人论文书》有云："永叔情致纡徐，故多虚字。"这一句话，也很有研究。大家都知道：永叔就是欧阳修，他的文是情致纡徐的。纡徐，就是我们所谓婉转的写法。蒋湘南说："情致纡徐，故多虚字。"它的反面就是，"情致不纡徐的便少虚字"。我们可以知道，用率直的写法的是少用虚字，而音节也迫促；用婉转的写法的，多用虚字，而音节也舒展。

音节与章句长短

音节和章句的长短，当然有很密切的关系。不过，何处宜长？何处宜短？长到几字？短到几字？也没有固定的程式可说。刘大櫆《论文偶记》❸云："凡行文多寡，长短，抑扬，高下，无一定之律，而有一定之妙。可以意会，而不可以言传。学者只读古人文字时，便设以此身代古人说话，一吞一吐，皆由彼而不由我，烂熟之后，……古文之音节，都在我喉吻间，……久之，自然铿锵发金石声。"他这一段话，说得很好。不过，我在这里引他的话，我要很郑重地声明一句：他所说的由读古人文而领会音节，并不是"亦步亦趋"地模仿古人的音节。这一点很重要。所谓"失之毫厘，差以千里"，所以我不得不郑重地声明一下。

清人魏际瑞❶在他的《伯子论文》里，有几句关于章句长短的话，我在第二编里已经引了，今为便于阅览起见，重引如下。他说："人有呵欠喷嚏，必舒肆震荡而泄之。苟无是，而学为张口伸腰，岂得快哉！文之格段章句长短，亦复如是。"这几句话也就是无病不必呻吟的意思。我们说到章句长短的问题，这几句话很可以供参考，所以我便随手把它重引了来。读者恕我重复！

音节举例

关于音节的话，除了上面所说的几句简略的话而外，现在就古文中及今日白话文中，举出几个实例来

❶ 魏际瑞（1620-1677）：清初学者，著有《魏伯子文集》《杂俎》《四此堂稿》等。

155

如下：

以下各段，皆须读出音节，方能体会得到作者的情感。而音节是什么？读了出来，也就可以知道。

因作思子之亭，徘徊四望，长天辽阔，极目于烟云杳霭**❶**之间，当必有一日，见吾儿翩来归者。

（归有光《思子亭记》最后一段）

孝则与季房酷爱金牛泉，尝月夜携铛煮茗，论诗，欲构品泉亭其上，卒不果。予癸卯冬，濬泉作亭，镵石为记，而未获闻其语，恨记中不及载。今得其诗读之，如揖季房于亭中而与之言也！彼云月之夜，江枫沙鹭之间，若有人焉，幅巾野服，戛然而长啸者，非马生也与！非马生也与！

（施闰章《马季房诗序》最后一段）

去年孟东野往，吾与汝书曰："吾年未四十，而视茫茫，而发苍苍，而齿牙动摇。念诸父与诸兄，皆康强而早世，如吾之衰者，其能久存乎？吾不可去，汝不肯来，恐旦暮死，而汝抱无涯之戚也！"孰谓少者殁而长者存？强者夭而病者全乎？

呜呼！其信然耶？其梦耶？其传之非其真耶？信也，吾兄之盛德而夭其嗣乎？汝之纯明而不克蒙其泽乎？少者强者而夭殁**❷**？长者衰者而存全乎？未可以为信也。梦也，传之非其真也，东野之书，耿兰之报，何为而在吾侧也？呜呼！其信然矣！吾兄之盛德而夭其嗣矣！汝之纯明宜业其家者，不克蒙其泽矣！所谓天者诚难测，而神者诚难明矣！所

❶ 杳霭：茂盛貌；幽深渺茫貌。

❷ 夭殁：亦作"夭没"。短命，早死。

谓理者不可推，而寿者不可知矣！

虽然，吾自今年来，苍苍者或化而为白矣，动摇者或脱而落矣，毛血日愈衰，志气日愈微，几何不从汝而死也！死而有知，其几何离；其无知，悲不几时。而不悲者无穷期矣！

（韩愈《祭十二郎文》中间一段）

汝死我葬，我死谁埋？汝倘有灵，可能告我？呜呼！生前既不可想，身后又不可知。哭汝既不闻汝言，奠汝又不见汝食。纸灰飞扬，朔风野大，阿兄归矣，犹屡屡回头望汝也！

（袁枚《祭妹文》最后一段）

而园之北，因城以为台者旧矣。稍葺而新之，时相与登览，放意肆志焉。

南望马耳、长山，出没隐现，若近，若远，庶几有隐君子乎！而其东则庐山，秦人卢敖之所从遁也。西望穆陵，隐然如城郭，师尚父、齐桓公之遗烈犹有存者。北俯潍水，慨然叹息，思淮阴之功而吊其不终。

台高而安，深而明，夏凉而冬温。雨雪之朝，风月之夕，余未尝不在，客未尝不从。撷园蔬，取池鱼，酿秋酒，沦脱粟而食之，曰："乐哉游乎！"

（苏轼《超然台记》❶ 中间一段）

其后二年，余久卧病，无聊，乃使人复葺南阁子。其制稍异于前。然自后余多在外，不常居。庭前有枇杷树，吾妻死之年所手植也，今已亭亭如

❶《超然台记》：苏轼调任密州知州第二年，修复了一座残破的楼台，他的弟弟苏辙为这座台起名为"超然"。苏轼便写了这篇《超然台记》，以表明超然物外、无往而不乐的思想。

盖矣!

（归有光《项脊轩志》最后一段。此段只说枇杷树，实则因见枇杷树而追忆亡妻，故为抒情文。）

同行二等、三等舱中，有许多自俄赴美的难民，男女老幼约有一百多人。俄国人是天然的音乐家，每天夜里，在最高层上，静听着他们在底下弹着琴儿，在海波声中，那琴调更是凄清错杂，如泣如诉。同是离家去国的人啊，纵使我们不同文字，不同言语，不同思想，在这凄美的快感里，恋别的情绪，已深深地交流了!

（从《寄小读者》中选出。是全信中间的

一段，是在舟中写的。）

第七章　抒情散文与叹词

概说

"叹词"，是文法中的名词，又称为"感叹词"。凡是表惊异，表惋惜，表怜悯的叹声，都称为"叹词"。在古文中如"呜呼""嗟夫"等字都是；在现代白话文中如"唉"，如"哦"等字都是。

"叹词"是表情感的，所以在抒情文里，常常有的，而且可以说，只有在抒情文里用得着，在其他的文里都用不着。严格地说："叹词"是抒情文的专有品。我们说到抒情文，就不得不略说一说"叹词"。

★ 严格地说："叹词"是抒情文的专有品。

叹词的种类

"叹词"的种类，从形式上说，有单个的字，如"唉"，有连用两个同样的字，如"嗟嗟""咄咄"。有连用两个以上不同样的字，如"呜呼"，如"已矣乎"。从性质的方面说，有表觉悟的，如"哦"。有表鄙弃的，如"哼"。有表惋惜的，如"唉"。在现代所有各家文法中，分类都没有相同的，我也分不出确切不移的门类来。现在还是不分类，只把它搜集几个，列一张表，附在后面，以供作抒情散文者的参考。那张表是分白话与古文两部分，是道静代我做的。也附带地说明一下。(参看附录的表)

叹词的用法

在抒情文中，什么地方须用"叹词"？什么地方不须用"叹词"？没有机械的方式可以说。一半要看所表的情是怎样，一半也要看所用的方法是怎样。再者，和作者的个性也有关系。譬如欧阳修作《五代史》❶，往往开口就用"呜呼"，虽然用得太多了，然而这是作者的个性如此，是作者的自由。清末有人名叫

❶《五代史》：有《新五代史》《旧五代史》之分。《新五代史》，原名《五代史记》，欧阳修撰。

李芋仙❶，他作文也是开口就用"呜呼"，因此人家送他一个诨号，称他叫"五代史"。这可见《五代史》中的"呜呼"之多了。

　　总之，我们作抒情散文，不能不用"叹词"，然也不必有意用。任其自然而用，是最好的。现代的白话文，就是说话，而白话文中的"叹词"，尤要和语言的口气完全相合，方能写得出说话的神气，方能表得出所要表的情。

❶ 李芋仙（1821-1885）：其人天才风雅，诗文书画对联皆精，时人美称为"酒龙诗虎"。

附录　叹词表

一　文言之部

於

屋呼切，影纽、虞韵。《尔雅释诂疏》云："於，叹辞也。"字本作乌，或作呜。按：《韵会》云："隶变作於，古文本象乌形，今但以为叹辞及语助词，遂无以为鸦乌字者矣。"

（例）《尚书·尧典》——佥曰："於！鲧哉！"

《毛诗·文王》——文王在上，於昭于天！周虽旧邦，其命维新！

司马相如《难蜀父老》——乌！谓此邪！

恶

屋呼切，影纽、虞韵。《孟子》赵岐注云："恶者，不安事之叹辞也。"亦作哑，倚驾切，影纽、祃韵。

（例）《孟子·公孙丑章》——恶！是何言也！

《庄子·人间世》——恶！恶可！（下恶字训为"安"）

《韩非子·难一篇》——师旷曰："哑！是非君人者之言也！"

吁

旭纡切，晓纽、虞韵。《广韵》云："叹也。"字省作于，又通作呼。《说文》云："吁，惊语也。"《扬子法言》李轨注云："吁者，骇叹之辞。"

（例）《尚书·尧典》——帝曰："吁！嚚讼，可乎？"

《扬子法言·君子卷》——或问："圣人之言，炳若丹青，有诸？"曰："吁！是何言与！丹青初则炳，久则渝。渝乎哉！"

韩愈《进学解》——先生曰："吁！子来前！"

夫

冯无切，奉纽、虞韵。《孟子》赵岐注云："夫，叹辞也。"亦作呼。（匣纽。）有用于句末者，有用于句中者，亦有用于句首者。

（例）《论语·子罕》——逝者如斯夫！不舍昼夜。

《礼记·檀弓》——仁夫公子重耳!

《史记·伯夷列传》——岩穴之士,趋舍有时,若此类名堙而不称,悲夫!

《左传·文公元年》——江芈怒曰:"呼! 役夫!"

俞

欲劬切,喻纽、虞韵。《广雅》云:"俞,然也"。

(例)《尚书·尧典》——帝曰:"俞!"

都

笃乌切,端纽、虞韵。《尚书》某氏传云:"都于,叹美之辞。"通于字。

(例)《尚书·皋陶谟》——都! 在知人。

咨

则私切,精纽、支韵。《尚书》某氏传云:"咨,嗟也。"字又作兹嗞子。(咨此切,精纽、纸韵)

(例)《尚书·尧典》——帝曰:"咨汝义暨和。"

嘻

胅医切，晓纽、支韵。《礼记》郑玄注云："嘻，悲恨之声。"《公羊传》何休《解诂》云："嘻，发痛语首之声。"字又作譆、熙。

（例）《礼记·檀弓》——夫子曰："嘻！其甚也！"

《史记·张仪传》——其妻曰："嘻！子毋读'游记'！"

《汉书·翟义传》——熙！我念孺子！

噫

衣记切，影纽、寘韵。《诗》毛氏传云："噫，叹也。"《论语》包咸注云："噫，痛伤之声。"字又作意、懿、抑。（农亟切，影纽、职韵）

（例）《尚书·金縢》——噫！公命！

《论语·先进》——颜渊死。子曰："噫！天丧予！天丧予！"

《毛诗·十月》——抑此皇父！岂曰不时！胡为我作？不即我谋？

猗

乙牺切，影纽、支韵。《诗》毛氏传云："猗，叹词。"字亦作欹。杨树达曰："猗古音在歌部，读如阿，即今语之呵字。"

（例）《毛诗·伐檀》——坎坎伐檀兮，置之河之干兮，河水清且涟猗！

唉

阿该切，影纽、灰韵。《韵会》云："怒声。"字通欸、诶。

（例）《史记·项羽本纪》——唉！竖子不足与谋！

哉

咨哀切，精纽、灰韵。王引之云："哉，叹词也。或为叹美，或为嗟叹，随事有义也。"按此字用法与夫字略同。

（例）《周易·乾象》——大哉乾元！万物资始，乃统天。
归震川《先妣事略》——世乃有无母之人，天乎痛哉！

嗟

即些切，精纽、麻韵。《韵会》云："咨也。痛惜也。"《说文》作𠲿，《尔雅》作䠦。

（例）《国风·卷耳》——采采卷耳，不盈倾筐。嗟我怀人，置彼周行！
韩愈《祭田横墓文》——死者不复生，嗟余去此其从谁！

呰

咨此切，精纽、纸韵。《说文》云："呰，苛也。"（苛与呵同）。字亦作訾。

（例）《吕氏春秋·权动篇》—— 昔荆共王与晋厉公战于鄢陵。临战，司马子反渴而求饮竖阳穀操黍酒而进之，子反叱曰："咨，退酒也！"

已

逸里切，喻纽、纸韵。杨树达曰："已，古音当读如唉。"

（例）《尚书·大诰》：——已！予惟小子！

归有光《寒花葬志》——吁！可悲也已！

怫

符勿切，奉纽、物韵。《说文》云："违也。"

（例）《尚书·尧典》——帝曰："吁！怫哉！"

咄

都忽切，端纽、月韵。《广韵》云："咄，呵也。"亦作叱。《正字通》云："或曰：汾晋之间，尊者呼左右曰：'咄！'左右必诺。司空图作《休沐记》用之。"（按《休沐记》，当作"休休亭"，参看"咄喏"条）

（例）《汉书·东方朔传》——朔笑之曰："咄！"

嚇

呵格切，晓纽、陌韵。《庄子》司马彪注云："怒声。"字亦作赫。诗笺云"口拒人谓之嚇。"

（例）《庄子·秋水篇》——鸱得腐鼠，鹓雏过之，仰而视之曰："嚇！"

诺

傩咢切，泥纽、药韵。《说文》云："䗐也。"正韵云："应声。"字亦作喏。

（例）《论语·阳货》——孔子曰："诺！吾将仕矣。"

唯

喻垒切，喻纽、纸韵。《说文》云："诺也。"

（例）《论语·里仁》——子曰："参乎！吾道一以贯之。"曾子曰："唯！"子出门。人问曰："何谓也？"曾子曰："夫子之道，忠恕而已矣。"

乌乎

《小尔雅》云："乌乎，吁嗟也。"字又作呜呼，乌虖、於乎、於虖、於戲，（肸漪切，晓纽、支韵）於歔（旭於切，晓纽、鱼韵）。

（例）《礼记·大学》——於戲前王不忘。

皇甫湜《送简师序》——呜呼！悲夫！吾绊不得侣师以驰！

归有光《女如兰圹志》——乌乎！母微，而生之又艰，予以其有母也，弗甚加抚；临死，乃一抱焉。天果知其如是，而生之奚为也？

嗟夫

亦作嗟乎。

（例）《史通·自叙》——嗟乎！倘使平子不出，公纪不生，将恐此书与粪土同捐，烟烬俱灭，后之识者，无得而观，此予所以抚卷涟洏，泪尽而继之以血也！

李陵《答苏武书》——嗟乎！子卿，夫复何言！

欧阳修《秘演诗集序》——嗟夫！二人者，余乃见其盛衰。

噫嘻

（例）《毛诗·噫嘻》——噫嘻成王！既昭假尔！

欧阳修《秋声赋》——噫嘻悲哉！此秋声也，胡为乎来哉！

于嗟

《史记·索隐》云："吁嗟，嗟叹之辞也。"于读为吁。

（例）《毛诗·麟之趾》——麟之趾，振振公子，于嗟麟兮！

《采薇歌》——登彼西山兮，采其薇矣！以暴易暴兮，不知其非兮！神农虞夏，忽焉没兮，我安适矣！于嗟徂兮，命之衰矣！

猗嗟

《诗传》云："猗嗟，叹辞。"

（例）《毛诗·猗嗟》——猗嗟已兮！

嗟嗞

《广韵》云："嗞嗟，忧声也。"或作嗟兹，或作嗟子。

（例）扬雄《青州牧箴》——嗟兹天王，附命下士！

乎尔

《孟子》赵岐注云："乎尔者，叹而不怨之辞也。"

（例）《孟子·尽心章》——然而无有乎尔！

嘻呼

（例）《於陵子·畏人篇》——於陵子永息扐沫辟脯而言曰："嘻呼！"（按，《於陵子》是明人姚士粦所造伪书，今取其文，不辨分其时代也。）

叱嗟

（例）《赵策》——齐威王勃然怒曰："叱嗟！尔母婢也！"

咄喏

喏或是嗟字之误，亦未可知。

（例）司空图《休休亭》——咄喏休休！莫莫伎俩。

嗟嗟

《诗笺》云："重言嗟嗟，美叹之深。"伤痛之深，亦重言之。

（例）《毛诗·臣工》——嗟嗟臣工，敬尔在公！王厘尔成，来咨来茹。嗟嗟保介！维莫之春，亦又何求，"如何新畲？"

韩愈《祭柳子厚文》——嗟嗟子厚！而至然耶！

又：嗟嗟子厚！今也则亡！临绝之音，一何琅琅！

咄咄

《韵会》云：“咄咄，惊怪声也。”

（例）《后汉书·严光传》——帝即其卧所，抚光腹曰：“咄咄子陵！不可相助为理耶？”

唯唯

亦作“唯，然”。杨树达曰：“唯，然，重言也。”

（例）《秦策》——范睢曰：“唯唯！”

《楚策》——宋玉对曰：“唯，然，有之。”

于嗟乎

（例）《毛诗·驺虞》——彼茁者葭，壹发五豝，于嗟乎驺虞！

已矣乎

或作已矣夫，或作已矣哉。

（例）《离骚经》——乱曰：已矣哉！国无人，莫我知兮，又何怀乎故都！

陶渊明《归去来兮辞》——已矣乎！寓形宇内复几时，曷不委心任去留，胡为乎遑遑欲何之！

江淹《恨赋》——已矣哉！春草暮兮秋风惊，秋风罢兮春草生；

绮罗毕兮池馆尽，琴瑟灭兮丘陇平；自古皆有死，莫不饮恨而吞声！

嗟嗞乎

或作嗟兹乎，或作嗟子乎。

（例）《莞子·小称篇》——嗟兹乎！圣人之言长乎哉！

《尚书·大传》——诸侯在庙中者，愀然若复见文武之身，然后曰："嗟子乎！此盖吾先君文武之风也！"

《说苑·贵德篇》——嗟嗞乎！我穷必矣！

呜呼噫嘻

（例）李华《吊古场文》——呜呼噫嘻！吾想夫北风振漠，胡兵伺便，主将骄敌，期门受战。

又：呜呼噫嘻！时耶？命耶？

苏轼《后赤壁赋》——呜呼噫嘻！吾知之矣！

嗟乎子乎

（例）《楚策》——嗟乎子乎！楚国亡之日至矣！（子字参看前"咨"条。）

子兮子兮

《诗传》云："子兮者，嗟兹也。"

（例）《毛诗·绸缪》——今夕何夕？见此良人！子兮子兮！如此良人何！（子字参看前"咨"条。）

嗟乎嗟乎

（例）司马迁《报任少卿书》——嗟乎嗟乎！如仆尚何言哉！尚何言哉！

《史记·越世家》——嗟乎嗟乎！一人固不能独立！

二 白话之部

哪

（例）哪！好罢？

这我可作不得主哪！

啦

（例）先生去啦！

卖啦！卖给你啦！

唅

（例）唅！你走过来！

呵

（例）快来看呵！

嘿

（例）嘿！别再多嘴！

哼

（例）哼！他也想学你么？

呢

（例）这种无聊的事，哪里值得说他呢！

嚇

（例）嚇！那还了得！

咦

（例）咦！你也来了吗？（表惊异）

呀

（例）呀！对不起！
那是不行的呀！

喂

（例）喂！不要紧么？好好地当心！

啊

（例）难为你啊！

哦

（例）哦！我知道了。

唉

（例）唉！可怜！

唉！人生是一梦吧！

罢（又作吧）

（例）你就看看历书吧！

打发他们去吧！

呸

（例）呸！该死的东西！

哈哈

（例）哈哈！今天运气真好！

嗳呀

（例）嗳呀！弄坏了！